.

Wolf Middendorff
Staatsstreiche in historischer und kriminologischer Sicht

Schriftenreihe
der
Juristischen Gesellschaft zu Berlin

Heft 111

1988
Walter de Gruyter · Berlin · New York

Staatsstreiche in historischer und kriminologischer Sicht

Von
Wolf Middendorff

Vortrag
gehalten vor der
Juristischen Gesellschaft zu Berlin
am 10. Februar 1988

W
DE
G

1988

Walter des Gruyter · Berlin · New York

Dr. Wolf Middendorff
Richter am Amtsgericht a. D.,
Honorarprofessor an der Universität Freiburg i. Br.

CIP-Kurztitelaufnahme der Deutschen Bibliothek

Middendorff, Wolf:
Staatsstreiche in historischer und kriminologischer Sicht : Vortrag
gehalten vor d. Jur. Ges. zu Berlin am 10. Februar 1988
Wolf Middendorff. –
Berlin ; New York : de Gruyter, 1988.
   (Schriftenreihe der Juristischen Gesellschaft zu
   Berlin ; H. 111)
   ISBN 3 11 011 771 1
NE: Juristische Gesellschaft ⟨Berlin, West⟩ : Schriften-
reihe der Juristischen Gesellschaft e. V. Berlin

Vorwort

Historiker und Kriminologen haben sich bisher selten oder nie mit der Geschichte von Staatsstreichen, d. h. den gewaltsamen Veränderungen in der politischen und militärischen Spitze von Staaten, und den mit der Durchführung von Staatsstreichen zusammenhängenden Problemen beschäftigt. Die Zurückhaltung der Kriminologen ist noch weniger zu verstehen als die der Historiker, da die Kriminologie doch die Wissenschaft vom Verbrechen und seiner Bekämpfung ist und jeder Staatsstreich Verbrechen des Hochverrats und teilweise auch des Mordes beinhaltet, für die die Verschwörer bei einem Mißlingen des Staatsstreichs zwar bestraft, später aber in manchen Fällen vor der Geschichte gerechtfertigt werden.

Vom Altertum bis in die Gegenwart gibt es viele hundert Staatsstreiche in der Welt; angesichts der überragenden Bedeutung des Staatsstreichs vom 20. Juli 1944 für die Bundesrepublik ist hier – im Gegensatz zu anderen Ländern – noch keine wissenschaftlich-objektive und gleichzeitig international vergleichende Arbeit über Staatsstreiche entstanden. In der vorliegenden Studie, die aus einem Vortrag hervorgegangen ist, wird der Versuch gemacht, 10 erfolgreiche und 10 mißlungene Staatsstreiche, unter ihnen der 20. Juli 1944, miteinander zu vergleichen und zu untersuchen, inwieweit die allgemein gültigen und bekannten Regeln für Staatsstreiche beachtet wurden, von deren Einhaltung Erfolg oder Mißerfolg abhängen.

Die im Zusammenhang mit dem 20. Juli 1944 oft erörterten Probleme des Fahneneides oder des Rechts zum Widerstand werden nicht behandelt, es geht im folgenden nur um die insbesondere militärischen Vorgänge bei der Durchführung von Staatsstreichen, deren möglichst richtige historische Darstellung – wie der ältere Moltke als Chef des preußischen Generalstabs einmal betonte – „... auch die Elemente der schärfsten Kritik" „berge."

Inhalt

Einleitung

Es begab sich, daß die Gewaltherrschaft eines Tyrannen zur Bildung einer Verschwörung führte, der sich im Laufe einiger Jahre Politiker, hohe Verwaltungsbeamte, Angehörige des Adels und eine Reihe von Offizieren anschlossen, unter ihnen einer der Befehlshaber der Hauptstadt. Der Tyrann sollte ermordet werden, und anschließend sollten in der Nähe stationierte Truppen die Hauptstadt in Besitz nehmen. Attentat und Staatsstreich mißlangen. Der Tyrann rächte sich grausam; der hohe Offizier sorgte dafür, daß diejenigen, die ihn belasten konnten, möglichst schnell hingerichtet wurden, ohne jedoch dadurch sein Leben retten zu können.

Diese Geschichte klingt uns sehr vertraut, und man denkt unwillkürlich an den 20. Juli 1944. Ich habe mit dieser Geschichte aber auch Verschwörung und Staatsstreich des Gaius Calpurnius Piso gegen Kaiser Nero im Jahre 65 n. Chr. beschrieben.

I Allgemeines

1. Definition

Unter einem Staatsstreich versteht man die plötzliche, versuchte bzw. gelungene Entmachtung des oder der an der Spitze eines Staates stehenden Person oder Gruppe durch einen gewaltsamen Akt. Träger eines Staatsstreiches ist in der Regel eine zahlenmäßig kleine Gruppe von Inhabern hoher, vorwiegend militärischer Funktionen, zuweilen auch das Staatsoberhaupt selbst mit dem Ziel, die eigene Macht willkürlich zu erweitern.

Die Grenzen zwischen legalem und illegalem Verhalten können fließend sein; so sprach man beispielsweise von einem Staatsstreich, als Reichskanzler von Papen am 20. Juli 1932 mit Hilfe des Art. 48 der Reichsverfassung die preußische Regierung absetzte. Dasselbe gilt für den österreichischen Bundeskanzler Dollfuß, als dieser am 4. März 1933 eine ihm genehm erscheinende Lücke in der Verfassung zum Anlaß nahm, staatsstreichartig seine Macht zu erweitern. In manchen Fällen kann schon die drohende Haltung der Streitkräfte für eine zivile Regierung Anlaß sein, Machtverhältnisse zu ändern oder z. B. für Angehörige der Streitkräfte eine weitgehende Amnestie zu erlassen, wie dies in jüngster Zeit in Argentinien geschah.

Die oben gegebene Definition für einen Staatsstreich ist sehr weitgehend und umfaßt alle Fälle, die in der Fachliteratur unter den Begriff

Staatsstreich fallen. Man kann den Begriff natürlich enger fassen und auch
so eng, daß nur ein einziger, unvergleichbarer Fall übrig bleibt.

Mit einem Staatsstreich wird oft nur ein Personen- oder Regierungswechsel, aber keine grundsätzliche Änderung der Politik beabsichtigt. In
jenen Fällen, in denen dies dennoch der Fall ist, liegt eher eine Revolution
vor, zu der begriffsmäßig aber auch die Beteiligung der Massen gehört.

Staatsstreich und Putsch haben vieles gemeinsam; beide bedienen sich
der gleichen Strategie und Taktik, Putschisten haben jedoch oft niedrigere
militärische Ränge inne und versuchen, von außen in das Zentrum der
Macht einzudringen, während die Organisatoren von Staatsstreichen als
Träger oberster Staatsfunktionen im Zentrum selbst sitzen.

Die Auswechslung der Regierung durch einen Putsch oder Staatsstreich
kann „zu einem integrierenden Bestandteil des Regierungssystems werden"[1]. In Staaten der Dritten Welt folgen Regierungen einander häufiger
durch Staatsstreiche als durch Wahlen oder andere verfassungsgemäße
Verfahren[2].

2. Die Zahl der Staatsstreiche

Genauere Zahlen über Staatsstreiche gibt es erst seit 1945, und seit
diesem Jahr haben Soldaten in ungefähr zwei Drittel der Staaten der
Dritten Welt Staatsstreiche ausgeführt. Unter den 20 latein-amerikani-
schen Staaten sind nur Costa Rica und Mexico ohne militärische Staatsstreiche geblieben. In Latein-Amerika geht das Wort um, daß der höchste
militärische Rang der des Präsidenten sei, – mehr als die Hälfte der seit
1945 amtierenden Präsidenten dieser Länder waren Offiziere. In 18
Staaten Asiens gab es zwischen 1945 und 1976 erfolgreiche Staatsstreiche[3].

Eine von Jean-Pierre Panabel aufgestellte Liste der Staatsstreiche in
Schwarz-Afrika enthält für die Jahre 1963 bis 1982 37 Fälle[4].

3. Einteilung der Staatsstreiche

Die oben genannte weite Definition des Staatsstreichs verlangt eine
nähere Differenzierung und Einteilung, die man beispielsweise nach dem
notwendigen Einsatz der Mittel, nach der Schwere der Folgen oder auch
nach Erfolg und Mißerfolg vornehmen kann.

---

[1] Fraenkel/Bracher, Hrsg., Staat und Politik, Fischer-Lexikon, Frankfurt 1960,
291.
[2] Nordlinger, Soldiers in Politics, Englewood Cliffs, N.J. 1977, 7.
[3] Nordlinger, 6–7.
[4] Pabanel, Les coups d'état militaires en Afrique Noire, Paris 1984, 177–179.

a) Die einfachste, aber unter Umständen auch folgenreiche Form des Staatsstreichs geht vom Staatsoberhaupt oder dem Gewalthaber selbst aus. 1837 löste König Ernst August von Hannover staatsstreichartig den Landtag auf und erklärte die Verfassung des Landes als von Anfang an ungültig. Der Widerstand, der sich gegen ihn erhob, veranlaßte drei Jahre später den König, eine neue, der alten ähnliche Verfassung einzuführen.

b) Eine weitere, relativ einfache Form des Staatsstreichs besteht darin, daß ein greiser Machthaber gegen seinen Willen durch einen jüngeren ersetzt wird, wie dies 1987 in Tunis geschah.

c) Einige Staatsstreiche kann man unter den Begriff Palastrevolution zusammenfassen; es ist möglich, daß es in diesen Fällen innerhalb einer großen Herrscherfamilie zum Blutvergießen kommt; als Beispiel sei auf Saudi-Arabien hingewiesen.

d) Eine häufige Form des Staatsstreiches ist die Ersetzung einer Militärregierung durch eine andere, wie sich dies in der Vergangenheit nicht selten in Südamerika abgespielt hat. Prinz Louis Ferdinand von Preußen schildert in seinen Erinnerungen, wie er im September 1930 einen Staatsstreich in Buenos Aires erlebte. Am Morgen erschienen über der Stadt Flugzeuge, die den Einmarsch der „Revolutionäre" ankündigten, der dann unter dem Jubel der Bevölkerung stattfand. Der bisherige Präsident war schon geflohen, und am Abend war die Machtergreifung vollzogen, und es herrschten wieder Ruhe und Ordnung. Louis Ferdinand meinte, für südamerikanische Offiziere sei ein richtiger Putsch von Zeit zu Zeit Ehrensache. Die jeweiligen Gegner kennen sich und schaden sich in der Regel nicht allzu sehr. Der unterlegene Präsident oder Diktator weicht in ein anderes Land aus und wartet dort auf eine Chance, die Macht wieder zu ergreifen[5].

e) Die häufigen Staatsstreiche in den jungen Staaten Afrikas führen dagegen nicht selten zu blutigen Auseinandersetzungen, ja sogar zum Bürgerkrieg.

f) Wenn man nicht nur Personen auswechseln will, sondern ein politisches System gestürzt werden soll, können Staatsstreiche mit schweren Kämpfen und entsprechenden Verlusten verbunden sein. Der amerikanische Politologe Steven R. David nennt den Staatsstreich des Generals Pinochet in Chile einen „Veto-Coup"; damit ist der Versuch der Streitkräfte gemeint, Veränderungen in der Machtstruktur des Staates, genauer gesagt: den Übergang militärischer Macht auf milizartige Arbeiterorganisationen zu verhindern. Eine entfernt ähnliche Situation bestand 1934 im

---

[5] Louis Ferdinand, Prinz von Preußen, Im Strom der Geschichte, München 1985, 214–215.

Deutschen Reich, als durch das Blutbad vom 30. Juni 1934 die Verschmelzung von SA und Reichswehr verhindert wurde und die Reichswehr – zunächst – alleiniger Waffenträger des Staates blieb. Ungeachtet dessen, daß auch zwei Generale ermordet worden waren, zeigte man sich in Teilen der Reichswehr über die blutige Ausschaltung der Rivalen von der SA so befriedigt, daß der damalige Reichskriegsminister v. Blomberg dämpfen mußte: „Truppe hat nicht die Haltung gehabt, die man erwarten mußte. Ungehörig, sich über die Gefallenen zu freuen und im Kasino zu reden. Tod ist eine Angelegenheit, der man mit Ehrfurcht gegenübertritt"[6].

Man kann Staatsstreiche auch nach den Motiven der Verschwörer einteilen, wobei man nach sachlichen und persönlichen Motiven differenzieren kann. Es ist eine alte kriminologische Erfahrung, daß menschlichem Handeln höchst selten nur ein einziges Motiv zugrundeliegt, in der Regel gibt es mehrere Motive; man spricht von einem Motivbündel. Zu den sachlichen Motiven gehören diejenigen, die die Verschwörer veranlassen, im Interesse ihres Landes zu handeln; persönliche Motive können sehr verschiedener Art sein, einmal kann es sich um persönlichen Ehrgeiz, Machthunger und auch Habgier handeln, zum anderen können ethische Motive den Antrieb zum Handeln schaffen. Was den 20. Juli 1944 anlangt, so besteht unter den Chronisten Einigkeit darüber, daß die Verschwörer ihr Vaterland vom Tyrannen befreien wollten; Gerhard Ritter sprach von einem „reinen Aufstand des Gewissens"[7].

Eine letzte Einteilung von Staatsstreichen ist nach dem Erfolg bzw. Mißerfolg möglich: von 1945 bis Mitte 1985 gab es in der Dritten Welt 183 erfolgreiche und 174 mißlungene Staatsstreiche[8]. In Thailand, wo der jetzige Herrscher 17 Militärputsche überdauert hat, kann es geschehen, daß der Erfolg zwischen den Kontrahenten telefonisch ausgehandelt wird. Derjenige, der die schwächeren Kräfte zu seiner Verfügung hat, gibt nach und versucht es vielleicht erneut zu einem anderen Zeitpunkt.

4. Das Material

Über den 20. Juli 1944 gibt es selbstverständlich ein sehr großes und kaum überschaubares Material; darüber hinaus findet sich allgemein über Staatsstreiche im deutschen Sprachraum sehr wenig; Historiker wie Kri-

---

[6] Bennecke, Die Reichswehr und der Röhm-Putsch, München 1964, 66.
[7] Carl Goerdeler und die deutsche Widerstandsbewegung, Stuttgart 1955, 437.
[8] David, Third World Coups d'État and International Security, Baltimore und London 1987, 1–2.

minologen haben, soweit ersichtlich, und das wohl unter dem fortdauern-
den Eindruck der Bedeutung des 20. Juli für die Deutschen, bisher keine
größere vergleichende Arbeit über Staatsstreiche geliefert. Es blieb dem
polnischen Historiker Jerzy W. Borejsza vorbehalten, den 25. Juli 1943 in
Italien – die Absetzung Mussolinis – mit dem 20. Juli 1944 in Deutschland
zu vergleichen[9]. Anläßlich des „Historikerstreits" behandelte Hans
Mommsen die methodologische Vergleichbarkeit geschichtlicher Vorgänge und meinte dazu, die Frage sei nur, „ob aus einem solchen
Vergleich richtige oder irreführende Schlußfolgerungen gezogen werden".
„Jede historische Einordnung mündet zwangsläufig in Vergleiche und
damit Relativierungen[10]." Mehr Material über Staatsstreiche gibt es von
Politologen und Soziologen im Ausland, insbesondere in den USA.

Zur Auswertung der Erfahrungen mit Staatsstreichen habe ich 20
Staatsstreiche untersucht und zwar 10 erfolgreiche und 10 mißlungene.
Das Material stammt aus verschiedenen Ländern und verschiedenen Zeiten, die Verschwörer hatten jeweils verschiedene Ziele, und es standen
ihnen unterschiedliche Kräfte zur Verfügung. Einige Staatsstreiche haben
die Geschichte des betreffenden Landes tatsächlich oder psychologisch
entscheidend verändert.

Angesichts der im Verhältnis zur Zahl der Staatsstreiche zu großen
Unterschiede zwischen ihnen ist die Anwendung statistischer Methoden
nicht möglich. Man kann nur versuchen, das einzelne Geschehen anhand
von Beispielen, vor allem in bezug auf den 20. Juli 1944, zu illustrieren
und zu deuten, und dies mit jenem „Verstehen", das auch heute noch nach
Wolfgang J. Mommsen „ein unverzichtbares Element historischer Forschung" ist[11]. Das „Verstehen" des Kriminologen wird ähnlich definiert
wie das des Historikers[12].

Erfolgreiche Staatsstreiche

| 1. | 9. 11. 1799 18. Brumaire | Paris | Napoleon erringt die Macht durch zwangs- weise Auflösung des Rates der 500. |
| 2. | 10. 6. 1903 | Belgrad | Serbische Offiziere töten König Alexander und andere und setzen einen neuen König ein. |

[9] Schmädeke/Steinbach, Hrsg., Der Widerstand gegen den Nationalsozialismus, 2. Aufl., München 1986, 1071 ff.
[10] Geiss, „Historikerstreit", München 1987, 178, 222.
[11] Mommsen, Die Geschichtswissenschaft in der modernen Industriegesell-schaft, Vierteljahrshefte für Zeitgeschichte, 22, 1974, 1–17.
[12] Siehe Middendorff, Historische Kriminologie, in: Schneider, Hrsg., Die Psychologie des 20. Jahrhunderts, Band XIV, Zürich 1981, 172–173.

3.	12.5.1926	Warschau	Marschall Pilsudski erobert Warschau und beseitigt das Parlamentsregime.
4.	13.7.1958	Bagdad	Brigadegeneral Kassem und Oberst Aref töten König Feisal II. und andere und erringen die Macht.
5.	21.4.1967	Athen	Die Obristen erringen die Macht.
6.	1.9.1969	Bengasi und Tripolis	Junge Offiziere unter dem späteren Oberst Gaddafi beseitigen das Regime von König Idris I.
7.	10.9.1973	Santiago, Chile	Die Vereinigten Streitkräfte stürzen das Regime des Präsidenten Allende.
8.	25.4.1974	Lissabon	General Spinola und die jungen Offiziere stürzen die Diktatur. „Nelkenrevolution".
9.	14.5.1987	Suva, Fidschi	Oberstleutnant Rabuka macht sich zum Herrscher der Inselgruppe.
10.	9.11.1987	Tunis	Präsident Bourgiba wird von seinem designierten Nachfolger zum Rücktritt gezwungen.

Mißlungene Staatsstreiche

11.	15.3.44 v. Chr.	Rom	Brutus und andere töten Caesar und erwarten die Wiederherstellung der Republik.
12.	18.4.65 n. Chr.	Rom	Piso und andere planen Attentat und Staatsstreich gegen Kaiser Nero. Die Verschwörung wird verraten.
13.	792	Regensburg	Karl der Große vereitelt einen Staatsstreich, der seinen Sohn Pippin, den Buckligen, zum Herrscher machen sollte.
14.	23.10.1812	Paris	Der aus der Haft entflohene General Malet versucht mit gefälschten Befehlen, Kaiser Napoleon zu entthronen.
15.	14.12.1825	Petersburg	Putsch der Dekabristen. Zar Nikolaus I. läßt die aufmarschierten Truppen zusammenschießen.
16.	13.3.1920	Berlin	Kapp-Putsch. Marsch der Brigade Ehrhardt nach Berlin.
17.	9.11.1923	München	Hitler-Putsch.
18.	25.7.1934	Wien	Nationalsozialisten besetzen das Bundeskanzleramt. Bundeskanzler Dollfuß wird erschossen.
19.	20.7.1944	Rastenburg und Berlin	Attentat und Staatsstreich gegen Hitler.
20.	23.4.1961	Algier	General Salan und andere putschen gegen General de Gaulle.

Literaturangaben (Auswahl)

Zu 1. Castelot, Die großen Stunden von Paris, Wien 1961, 97 ff.
Amelunxen, König und Senator, Hamburg 1980, 53 ff.
Zu 2. Goodspead, Verschwörung und Umsturz, München 1963, 15 ff.
Zu 3. Pilsudski, Gesetz und Ehre, Jena 1935, 194 ff.
Zu 4. Zeitungsberichte.
Zu 5. Gaitanides, Griechenland ohne Säulen, München 1978, 267 ff.
Mathiopoulos, Athen brennt. Der 21. April 1967 in Griechenland, Darmstadt 1967.
Zu 6. Gregory, Gaddafi, Bergisch-Gladbach 1987.
Zu 7. Davis, The last two years of Salvador Allende, London 1985, 231 ff.
Zu 8. Zeitungsberichte.
Zu 9. Zeitungsberichte.
Zu 10. Zeitungsberichte.
Zu 11. Plutarch, Helden und Schicksale, Stuttgart o. J.
Kogon, Cäsar, in: Exempla Historica, Band 8, Römisches Imperium und frühes Mittelalter, Frankfurt 1985.
Zu 12. Robichon, Nero, Gernsbach 1986, 269 ff.
Würtenberg, Nero oder die Macht der Dämonen, Düsseldorf 1947.
Zu 13. Delpierré de Bayac, Karl der Große, Leben und Zeit, Wien 1976, 210 ff.
Material aus dem Stadtarchiv Aachen.
Zu 14. Castelot, Die großen Stunden von Paris, Wien 1961, 164 ff.
Zu 15. Ulam, Rußlands gescheiterte Revolutionen, München 1985, 63 ff.
Zu 16. Schulze, Freikorps und Republik 1918–1920, Boppard am Rhein 1969, 248 ff.
Middendorff, 20. Juli 1944 und Kapp-Putsch in der Sicht der Kriminologie, in: Schwind u. a., Hrsg., Festschrift für Günter Blau zum 70. Geburtstag am 18. Dezember 1985, Berlin 1985, 257 ff.
Zu 17. Gordon jr., Hitlerputsch 1923, München 1978.
Zu 18. Jagschitz, Der Putsch, Graz 1976.
Bericht der Historischen Kommission des Reichsführers SS, Die Erhebung der österreichischen Nationalsozialisten im Juli 1934, Wien 1965.
Zu 19. Hoffmann, Widerstand, Staatsstreich, Attentat, 3. Aufl., München 1979.
Middendorff, Claus Graf Schenk von Stauffenberg, in: Vogler u. a., Hrsg., Festschrift für Hans-Heinrich Jescheck zum 70. Geburtstag, Berlin 1985, 1175 ff.
Zu 20. Luttwak, Der Coup d'Etat oder wie man einen Staatsstreich inszeniert, Reinbek bei Hamburg 1969, 131 ff.

II Prognostizierbare Faktoren des Staatsstreichs

Verschwörer müssen vor der Planung eines Staatsstreichs einige wichtige Faktoren prüfen, die sich auf Erfolg oder Mißerfolg eines Coup's auswirken und die mit großer Wahrscheinlichkeit vorhersehbar sind.

1. Geographische und politische Struktur

In der großen Masse aller Staatsstreiche, insbesondere in der Dritten Welt, ist der Verlauf einheitlich: in der Hauptstadt wird das Regierungsgebäude umstellt und eingenommen, der oder die Gewalthaber werden in irgendeiner Form ausgeschaltet. Der Staat ist also verwundbar. „Und je stärker die Macht des Staates zentralisiert und konzentriert ist, um so leichter ist er durch den Coup verwundbar"[13]. Wegen ihrer starken Dezentralisierung ist es heute z. B. in der Schweiz, in Großbritannien und in den USA undenkbar, einen Staatsstreich durchzuführen.

Bei den oben aufgeführten 10 erfolgreich durchgeführten Staatsstreichen war diese starke Verwundbarkeit der Staaten und ihrer Machthaber gegeben. Beim Staatsstreich des 20. Juli 1944 gab es das Verwaltungszentrum des Reiches in Berlin und das militärische Zentrum im Führerhauptquartier, – gelegentlich auch in Berchtesgaden –, und daneben gab es noch andere Machtzentren, wie die der Wehrmachtteile, der SS und der NSDAP.

Wenn der Staatsstreich des Generals Malet nicht ohnehin nach einigen Stunden gescheitert wäre, so hätte doch der zurückgekehrte Kaiser Napoleon mit Sicherheit dem Treiben ein Ende gemacht.

Es war ein schwerer Fehler der Initiatoren des Kapp-Putsches, die Reichsregierung nach Stuttgart entkommen zu lassen.

Kurz vor dem Putsch der Nationalsozialisten in Wien schickte Bundeskanzler Dollfuß seine Minister wegen der drohenden Gefahr fort, er selbst blieb im Bundeskanzleramt. Der österreichische Bundespräsident war zu dieser Zeit ohnehin von Wien abwesend.

Der Staatsstreich der Generale in Algier mußte 1961 schon deshalb mißlingen, weil er von der Peripherie ausging und keine Möglichkeit gegeben war, das Mutterland anzugreifen.

Die Verschwörer des 20. Juli hatten kurze Zeit erwogen, den Staatsstreich in Paris beginnen zu lassen, hatten diesen Gedanken aber sehr schnell wieder fallen gelassen.

2. Die Anteilnahme des Volkes

Bei einem Staatsstreich ist die aktive Mitwirkung des Volkes schon per definitionem ausgeschlossen; die Anteilnahme des Volkes am Ablauf der Ereignisse ist jedoch nicht ohne Bedeutung. Am 20. Juli 1944 hatten die Verschwörer von der Bevölkerung kaum Hilfe zu erwarten. In den „Meldungen aus dem Reich", d. h. einer Auswahl aus den geheimen

---

[13] Goodspead, Verschwörung und Umsturz, München 1963, 243.

Lageberichten des Sicherheitsdienstes der SS, ist von Widerstand keine Rede, es heißt dort unter anderem zum 13. Juli 1944: „Die schweren Kämpfe an allen Fronten sind für die gesamte Bevölkerung Gegenstand einer täglich zunehmenden Sorge. Das unerwartete, rasche Vordringen der Sowjets ist erschreckend und beschäftigt die Gemüter mehr als alles andere. ... Andere bemühen sich, alle ungünstigen Zukunftsaussichten von sich fern zu halten und sich mit Tagesereignissen nicht mehr zu beschäftigen, als es unbedingt notwendig ist, um sich nicht in eine Kopflosigkeit hineinreißen zu lassen. Die Männer gehen zumeist stur ihrer Arbeit nach." Weiter heißt es, eine Rede des Führers vor den Wirtschaftsführern sei stark beachtet worden, und man habe es positiv aufgenommen, daß der deutsche Erfindergeist im Begriff sei, das technische Gleichgewicht wieder herzustellen, um das Steuer des Krieges endgültig herumzuwerfen. „Allgemein glaubt man, daß es, um dieses Ziel zu erreichen, der größten Kraftanstrengung auch der Heimat bedürfe und daß alle verfügbaren Kräfte unmittelbar für die letzte Entscheidung eingesetzt werden müßten." Nur in den ländlichen Kreisen des Gaues Tirol/Vorarlberg mache sich eine starke Gegner-Propaganda bemerkbar, und man spreche von der bevorstehenden Aufrichtung des neuen Österreich[14].

Als Napoleon 1799 die Macht ergriff, war nach den langjährigen Wirren seit 1789 die Zeit reif, und jeder wartete auf den starken Mann.

Beim Hitler-Putsch 1923 war die Stimmung in der Bevölkerung geteilt, und Hitler versuchte am folgenden Tage, durch seinen Marsch zur Feldherrnhalle die Bevölkerung endgültig auf seine Seite zu ziehen.

General Kassem konnte sich bei seinem Staatsstreich auf gesamtarabische und nationale Gefühle stützen, die sich gegen das westlich orientierte Königshaus richteten.

Die französische Bevölkerung von Algier begrüßte 1961 im allgemeinen den Putsch der Generale, weil diese versprochen hatten, Algier französisch zu lassen.

In Griechenland war man Regierungswechsel gewohnt; in den 150 Jahren seit der Unabhängigkeit verzeichnete die Geschichte des Landes: 2 Dynastien, 7 Könige, 6 Absetzungen bzw. Abdankungen, 7 Regentschaften, 7 Verfassungswechsel, 3 Republiken, 7 Diktatoren, 15 Revolutionen bzw. Staatsstreiche, davon 10 mit Erfolg, 155 Regierungen, davon 44 allein seit 1945, und dazu 12 Kriege und einen fünfjährigen Bürgerkrieg. „So schwingt das griechische Pendel unaufhörlich zwischen den Extremen hin und her, von der wuchernden Anarchie Athens zur erzenen Disziplin Spartas, von da zu jener zurück und so fort, eines das andere

---

[14] Boberach, Hrsg., Meldungen aus dem Reich, München 1968, 437 ff.

provozierend und produzierend die Zeiten hindurch[15]." Für 1967 galt, daß seit Monaten jeder in Griechenland mit der Möglichkeit eines neuen Staatsstreichs gerechnet hatte[16].

General Pinochet konnte in Chile mit der zumindest passiven Unterstützung weiter Kreise des Bürgertums, der Verwaltung und der Justiz rechnen, die ein Abgleiten des Landes in „kubanische" Verhältnisse befürchteten.

Die Portugiesen waren 1974 der Kolonialkriege und der Diktatur müde und begrüßten in der großen Masse stürmisch die sogenannte Nelkenrevolution.

Oberstleutnant Rabuka war sich der Unterstützung von mindestens 47 Prozent der Bevölkerung, d. h. der einheimischen Fidjianer, sicher, die sich gegen die von eingewanderten Indern beherrschte Regierung auflehnten.

In Tunesien war kein Widerstand gegen die Absetzung des 84jährigen kranken Staatschefs zu erwarten.

3. Die Rolle des Auslands

Für den Erfolg eines Staatsstreichs können die internationale Lage und die Rolle des Auslands von großer Bedeutung sein. Die englische und die amerikanische Regierung waren schon seit Jahren darüber informiert, daß in Deutschland Staatsstreichvorbereitungen liefen. Die Alliierten ließen jedoch nicht erkennen, daß sie sich einer neuen, demokratischen Regierung gegenüber anders verhalten würden als gegenüber Hitler. Für sie galt unverändert die Forderung nach bedingungsloser Kapitulation. Gerhard Ritter hat hierzu bemerkt: „Und wenn Goerdeler seine Hoffnung auf die politische Vernunft und Weitsicht ausländischer Staatsmänner setzte, so blieb auch hier die Enttäuschung nicht aus"[17].

Oberst Graf Schenk von Stauffenberg versuchte noch im Juni 1944, Kontakte zu den USA und England aufzunehmen und zu erkunden, wie beide Länder sich nach einem Umsturz in Deutschland verhalten würden. Auch diese Kontakte hatten, wie die vorhergehenden, „kein greifbares Ergebnis"[18].

---

[15] Gaitanides, Griechenland ohne Säulen, München 1978, 268.
[16] Athènes-Presse Libre, Schwarzbuch der Diktatur in Griechenland, Reinbek bei Hamburg 1970, 15.
[17] Carl Goerdeler und die deutsche Widerstandsbewegung, Stuttgart 1955, 437.
[18] Hoffmann, Stauffenberg und die Veränderungen der außen- und innenpolitischen Handlungsbedingungen für die Durchführung des „Walküre"-Plans, in: Schmädeke/Steinbach, 1013.

Daß das Ausland an den Verschwörungen gegen Hitler keinerlei Interesse hatte, zeigte sich auch in einer Äußerung des britischen Historikers Wheeler-Bennett; danach war es im englischen Interesse, „daß die Säuberung weitergeht, denn das gegenseitige Umbringen der Deutschen erspart uns manche zukünftige Verlegenheit". Dieses Urteil wurde von Churchill selbst vor dem Unterhaus wiederholt[19].

Wir wissen heute, daß nach dem Ersten Weltkrieg die Alliierten weder eine Regierung Kapp im Jahre 1920, noch diejenige Hitlers im Jahre 1923 geduldet hätten. Die Vertreter der Kapp-Regierung erklärten bei jeder sich bietenden Gelegenheit, die englische Regierung hege Sympathie für ihr Unternehmen. Dahinter steckte die auch am Ende des Zweiten Weltkrieges weitverbreitete Illusion, die Westmächte könnten mit Deutschland zusammen gegen die rote Gefahr aus dem Osten antreten[20].

Die österreichischen Nationalsozialisten setzten bei ihrem Putsch 1934 alle Hoffnung auf ein Eingreifen Hitlers zu ihren Gunsten. Der Landesgruppenleiter der NSDAP Habicht hatte Hitler wahrheitswidrig berichtet, in Österreich stehe ein Putsch des Bundesheeres bevor, in dessen Gefolge die Nationalsozialisten Vorteile erringen könnten. Als dann jedoch der nationalsozialistische Putsch schnell und kläglich scheiterte und Mussolini Anstalten machte, Truppen an die Brenner-Grenze zu schieben, schreckte Hitler zurück, und der in Deutschland stationierten österreichischen Legion wurde ein Eingreifen in ihrer Heimat verboten. Habicht wurde fallengelassen[21].

Die griechischen Obristen glaubten, das Ausland, insbesondere die USA, stünden ihrem Staatsstreich mit Wohlwollen gegenüber, weil durch das neue Militärregime vielleicht die Kraft der Nato gestärkt werden könne. Zehn Jahre später, als das Regime zusammenzubrechen drohte, inszenierten die Obristen einen patriotischen Entlastungsangriff auf Zypern. Dieser Staatsstreich war so schlecht geplant, daß der Staatschef Zyperns, Erzbischof Makarios, durch die Hintertüre entkommen konnte, während sein Palast von vorne durch Panzer beschossen wurde. Das neue Regime brach sehr schnell zusammen, und das führte zum Eingreifen der Türkei und zur Teilung der Insel. Das Schicksal der griechischen Obristen war damit ebenfalls besiegelt.

4. Das Verhalten der Opfer

Kriminologische Erfahrungen haben in vielfacher Weise gezeigt, daß Zustand und Verhalten eines Opfers mehr, als man sich allgemein vor-

---

[19] FAZ – Magazin, 30. 10. 87.
[20] Schulze, Freikorps und Republik, 1918–1920, Boppard 1969, 294–295.
[21] Jagschitz, Der Putsch, Graz 1976, 179–184.

stellt, für den Erfolg bzw. das Ergebnis einer Tat von Bedeutung sind. So haben sich auch bei einem Staatsstreich die Verschwörer auf Zustand und Verhalten ihrer Gegner einzustellen, und die angewandten Mittel haben sich nach der Stärke bzw. Schwäche der Machthaber zu richten. Dieser Zustand und dieses Verhalten sind in der Regel bekannt und voraussehbar.

Von Hitler war mit Sicherheit anzunehmen, daß er jedem Versuch, seine Macht zu begrenzen oder ihn zu stürzen, mit äußerster Brutalität begegnen würde. In der Reichstagssitzung vom 13. Juni 1934 hatte er in bezug auf den Röhm-Putsch und zugleich als Warnung für die Zukunft gesagt: „Meutereien bricht man nach ewig gleichen eisernen Gesetzen ... und es soll jeder für die Zukunft wissen, daß, wenn er die Hand zum Schlage gegen den Staat erhebt, der sichere Tod sein Los ist"[22].

Daß auch fast alle anderen Gegner der mißlungenen Staatsstreiche heftigen Widerstand leisten würden, war ebenso vorauszusehen wie die Schwäche der erfolgreich angegriffenen Regime und Machthaber, und das insbesondere in Verbindung mit der Stimmung im jeweiligen Volk. Die Ausnahme ist General Pinochet, der mit dem Widerstand der teilweise bewaffneten Arbeiter in den „roten" Gürteln um die Großstädte, vor allem um Santiago, rechnen mußte.

Wie Täter und Opfer sich gegenseitig bedingen, zeigt sich deutlich am Beispiel des Wiener Putsches im Jahre 1934. Wenn etwas noch mangelhafter durchgeführt wurde als der Putsch der Nationalsozialisten in Wien, dann war es die Tätigkeit regierungstreuer Organe, insbesondere der Wache am und im Bundeskanzleramt. Es war längst bekannt, daß die Putschisten schon unterwegs waren, aber niemand hielt es für nötig, das große Tor zu schließen, so daß die ersten Lkws der Putschisten in den Hof einfahren konnten. In der Einfahrt stand lediglich ein einziger Polizist, der gerade befehlsgemäß den Portier fragte, ob ihm etwas Verdächtiges aufgefallen sei. Die Wache des Kanzleramts war in diesem Augenblick gerade mit der Wachablösung im Hof beschäftigt; die Soldaten trugen zwar Waffen, es war aber keine Munition ausgegeben worden. Das einzige vorhandene MG war gut eingefettet verpackt[23].

Die Gegner der Putschisten in Algier waren für diese zu stark; auch Zar Nikolaus I. war den Dekabristen weit überlegen. Die griechischen Obristen hingegen fanden keinen Widerstand.

[22] Fest, Hitler, 2. Band, Frankfurt 1976, 644.
[23] Spira, Hrsg., Attentate, die Österreich erschütterten, Wien 1981, 117.

III Regeln der Ausführung

1. Die Geschichte der Regeln

Regeln für Staatsstreiche sind so alt wie die Staatsstreiche selbst; ohne die zumindest rudimentäre Beachtung dieser Regeln sind erfolgreiche Staatsstreiche nicht möglich. Welche Regeln beim jeweiligen Staatsstreich im Vordergrund zu stehen haben, hängt vom Zustand des betreffenden Landes und den Möglichkeiten der Gegner ab. Der Erfolg ist eine Funktion der Kräfte und Handlungen von Täter und Opfer.

Idealismus, Opferbereitschaft und Vaterlandsliebe sind mächtige irrationale Antriebe für einen Staatsstreich, und dennoch war z. B. für Trotzki 1917 das Problem des Staatsstreichs ein Problem technischer Natur. „Um sich heute des Staates zu bemächtigen" – so war seine Meinung – „braucht man eine Stoßtruppe und Techniker: Trupps bewaffneter Männer, Ingenieure als Einsatzleiter[24]!"

Die ersten bekannten Regeln für einen Staatsstreich entwickelte Plutarch in seinem Werk „Helden und Schicksale". Danach verlangt die Durchführung eines Staatsstreichs neben Gewalt und Tollkühnheit den großen Namen eines Mannes. Kühne Draufgänger sind nötig, ältere Verschwörer werden weniger geschätzt, weil bei ihnen das „lodernde Feuer der Begeisterung" durch lange Überlegungen und ein zu starkes Verlangen nach Sicherheit gedämpft wird und ohne rasche Reaktion und Schnelligkeit alles verloren ist. Gleichzeitig mahnt Plutarch die Verschwiegenheit der Verschwörer an[25].

Die erste systematische Aufstellung von Regeln für einen Staatsstreich stammt von Niccolò Machiavelli (1469—1527). Nach ihm ist politisches Handeln eine Technik, die man lernen und lehren kann. Machiavelli beruft sich dabei auf die Gleichheit der menschlichen Natur; nur weil die Menschen immer von den gleichen Leidenschaften bewegt würden, sei eine Voraussage der Zukunft und die Anwendung geschichtlicher Erfahrungen möglich. In diesem Sinne entwickelt er eine Theorie der Verschwörungen und der Gegenmittel gegen sie. Als schwache Punkte einer jeden Verschwörung nennt er die Gefahren der Unvorsichtigkeit bei der Vorbereitung, des Verrats und der unvorhergesehenen Zwischenfälle bei der Ausführung. Machiavelli macht im besonderen darauf aufmerksam, daß alle Regeln dann versagen, wenn ein Verschwörer nicht siegen will oder ganz besonders, wenn die Verschwörer den Gegner schonen wollen. „Wer im Verkehr mit Bösewichtern nicht echte eigene Bosheit einzuset-

---

[24] Malaparte, Technik des Staatsstreichs, Karlsruhe 1968, 32.
[25] Helden und Schicksale, Stuttgart o. J., 343–346.

zen hat, wer ... nicht echte Brutalität und Heimtücke mitbringt, wird bestimmt den Kürzeren ziehen"[26].

Eine neuere, grundsätzliche Arbeit zu den Problemen des Staatsstreichs stammt von Curzio Malaparte – „Technik des Staatsstreichs". Das Buch wurde zuerst 1931 in französischer Übersetzung veröffentlicht; von totalitären Regierungen wurde es verboten, von linken Regimen als faschistisch abgestempelt. Nach der Ermordung des österreichischen Bundeskanzlers Dollfuß fand man ein Exemplar dieses Buches auf dessen Schreibtisch, ein Exemplar, dessen Seiten, wie Malaparte vermutet, nicht aufgeschnitten waren. „Denn hätte Dollfuß mein Buch gelesen und daraus Nutzen zu ziehen gewußt, so hätte er wahrscheinlich nicht jenes tragische Ende genommen[27]."

Nach Hitlers Machtergreifung wurde Malapartes Buch in Leipzig öffentlich verbrannt. Malaparte selbst wurde in Italien wegen „antifaschistischer Betätigung im Ausland" zu 5 Jahren Deportation auf die Insel Lipari verurteilt. Erst nach dem Zweiten Weltkrieg konnte sein Buch ungehindert wieder erscheinen.

Inzwischen ist die Erregung über die Behandlung von Problemen des Staatsstreichs abgeklungen; Edward Luttwak's Buch „Der Coup d'Etat oder wie man einen Staatsstreich inszeniert"[28] enthält detaillierte Anweisungen für Vorbereitung und Durchführung von Staatsstreichen.

Verschwörer haben jedoch in der Geschichte selten aus der Geschichte gelernt. In der Literatur über den 20. Juli 1944 beispielsweise gibt es keine wesentlichen Hinweise, daß sich die Verschwörer mit den Lehren aus früheren Staatsstreichen beschäftigt hätten. Im Frühjahr 1943 sagte Generaloberst Kurt Frhr. v. Hammerstein-Equord, der bis 1934 Chef der Heeresleitung gewesen und ein Gegner Hitlers war, einem Besucher: „Macht nur keinen Kapp-Putsch"[29]. Man mag sich auch fragen, warum ein so hervorragender Diplomat, Historiker und Schriftsteller wie Ulrich von Hassell nur ein Buch über König Pyrrhus von Epirus geschrieben hat und nicht z.B. die Lehren und Erfahrungen von Staatsstreichen im Altertum auswertete oder auch die Lehren Machiavellis für die Verschwörer gegen Hitler bearbeitete.

Militärs entnehmen traditionsgemäß Lehren für die Kriegführung aus den Schriften von Carl von Clausewitz; die Kunst der Kriegführung hat indessen sicherlich manches gemein mit der Kunst des Staatsstreichs,

---

[26] Freyer, Machiavelli, Leipig 1938, 84–91 und 146. Siehe auch: v. Hentig, Machiavelli, Heidelberg 1924, 33.
[27] Malaparte, 180.
[28] Reinbek bei Hamburg 1969.
[29] Schiffer, Ein Leben für den Liberalismus, Berlin 1951, 249.

wie beispielsweise das Operieren mit Kräften, die Anwendung von Listen und die Ausnutzung des Überraschungsmomentes.

2. Die militärische und politische Planung

Historische Quellen über die Planungen für einen Staatsstreich sind nur kärglich überliefert. Nach gelungenen Staatsstreichen wird wenig veröffentlicht, sei es, daß man „Rezepte" nicht verraten will, sei es, daß man Mitkämpfer nicht bloßstellen will, die gegenüber bisherigen Machthabern Verrat geübt haben.

Nach mißlungenen Staatsstreichen wird eventuell in Strafverfahren manches über Planungen der Verschwörer bekannt, was allerdings nicht selten von zweifelhaftem historischem Wert ist, denn Regierungen und Gerichte sind auch nicht immer daran interessiert, jene Methoden bekannt werden zu lassen, mit denen man Staatsstreiche niedergeschlagen hat.

Die langjährige militärische Planung für einen Staatsstreich gegen Hitler bestand vor allem in der Anwerbung von Offizieren, mit denen die Verschwörer verwandt, bekannt, befreundet oder in alter Kameradschaft verbunden waren. Diese Methode hatte den Vorteil, daß die Geheimhaltung weitgehend gewährleistet war, sie hatte indes den Nachteil, daß die Auswahl der Verschwörer für den Staatsstreich eine gewisse Einseitigkeit aufwies. Außerdem wurden wegen Beförderungen, Ernennungen und Versetzungen, auf die die Verschwörer keinen Einfluß hatten, immer wieder Änderungen der Planung erforderlich.

Bei anderen Staatsstreichen tauchten derartige Probleme nicht auf; so waren am Staatsstreich der Athener Obristen insgesamt nur 70 Offiziere beteiligt, d. h. etwa 2 Prozent des Offizierskorps des Heeres. Sie saßen aber nach jahrelanger gezielter Personalpolitik an den für den Staatsstreich entscheidenden Stellen.

Als Instrument für den deutschen Staatsstreich sollte der vom Allgemeinen Heeresamt in Berlin ausgearbeitete Plan mit dem Stichwort „Walküre" dienen, der die Aufstellung und den Einsatz von Alarmeinheiten im Heimatkriegsgebiet für den Fall feindlicher Luftlandungen oder innerer Unruhen, z. B. durch Fremdarbeiter, vorsah. Die unter diesem Vorwand durch eine Reihe von Fernschreiben und durch Telefon alarmierten Verbände sollten dann für den Staatsstreich eingesetzt werden.

Die Staatsstreichplanung Napoleons sah zunächst die Neutralisierung von Barras, einem Mitglied des Direktoriums, vor; in Napoleons Auftrag versprach Talleyrand Barras eine angemessene Summe Geldes, wenn er freiwillig zurücktreten werde. Barras erklärte sich schließlich einverstanden, und nachdem Talleyrand das unterschriebene Rücktrittsgesuch in der Tasche hatte, lobte er Barras als einen großen Patrioten und behielt das

Geld für sich. Da die Zeit für diesen Staatsstreich überreif war, änderten auch die späteren Fehler der Verschwörer nichts am Ergebnis. Gegenüber dem „Rat der 500", den schreienden Abgeordneten in St. Cloud, verlor Napoleon den Boden unter den Füßen und wurde, wie berichtet wird, totenbleich, weil er nicht weiter wußte. Napoleons Bruder Lucien, der Präsident der Versammlung, rettete die Situation dadurch, daß er Napoleon aufforderte, endlich zu handeln; nun wurden die entsprechenden Befehle gegeben, die bereitgestellten Grenadiere drangen in den Saal ein, „die Abgeordneten schrien ‚Freiheit oder Tod!‘ und sprangen aus den Fenstern", und damit war das Schicksal Frankreichs für die nächsten fünfzehn Jahre entschieden[30].

Wenn durch einen Staatsstreich nicht nur eine Garnitur regierender Militärs oder Politiker ausgewechselt werden soll, sondern die Verschwörer ein politisches System von Grund auf – revolutionär – verändern wollen, sind politische Überlegungen für die Zeit nach dem gelungenen Staatsstreich notwendig. Die meisten der oben aufgeführten Staatsstreiche waren politisch schlecht oder gar nicht vorbereitet. Die Verschwörer zum 20. Juli 1944 hatten dagegen in mehreren Gruppen und Kreisen sehr viele politische Überlegungen angestellt und Pläne und Programme unterschiedlicher und gegensätzlicher Art entwickelt. Die der Verschwörung angehörenden älteren Offiziere waren nach der Tradition der Reichwehr unpolitisch; die jüngeren Stabsoffiziere der Generation von Stauffenberg dachten dagegen stärker politisch und versuchten ständig, auf die politischen Beratungen Einfluß zu nehmen. Zwischen dem Kopf der zivilen Gruppe, dem früheren Oberbürgermeister von Leipzig, Goerdeler, und Stauffenberg kam es zu Auseinandersetzungen, die dem gemeinsamen Ziel nicht gerade dienlich waren. Zwischen beiden Kreisen ergaben sich im Verlauf der Zeit immer größere Spannungen[31]. Goerdeler war ein Mann der Illusionen; er wollte den Staatsstreich nicht mit einem Mord belasten, denn auf einem durch Mord bewirkten Umsturz könne kein Segen ruhen. Er plädierte dafür, Hitler von Mann zu Mann zu überreden, seine Politik zu ändern. Aus dieser seiner Haltung heraus lehnte es Goerdeler auch strikt ab, mit dem, wie er sagte, „blutbesudelten" Himmler Kontakte zu pflegen; man wußte aber, daß Himmler dem Gedanken nicht fernstand, ebenfalls gegen Hitler vorzugehen. Goerdeler und andere Verschwörer waren auch dagegen, in Zukunft mit deutschen Politikern der Emigration zusammenzuarbeiten.

---

[30] Orieux, Talleyrand, Frankfurt 1972, 300.
[31] Schmädeke/Steinbach, 1130.

Die Politiker unter den Verschwörern und auch viele Militärs hatten die ideale Vorstellung, ihr geplantes besseres Regierungssystem müsse schon durch einen demokratischen Staatsstreich mit zivilem Charakter erkennbar sein und damit ein Zeichen setzen. So hatten die Polizeiverschwörer, der Reichskriminaldirektor Nebe und der Polizeipräsident von Berlin, Graf Helldorf, in Berlin 15 Kriminalbeamte bereitgestellt, weil Stauffenberg sich darauf versteift hatte, es müsse alles korrekt zugehen, und die ersten Verhaftungen müßten durch Kriminalbeamte durchgeführt werden. Diese Beamten wurden dann nicht mehr benötigt[32]. In einer Zeit großer Personalknappheit mußte es auffallen, wenn eine größere Anzahl von Kriminalbeamten offensichtlich für eine besondere Verwendung zurückgehalten wurde.

Die Zusammenarbeit mit den Polizeiverschwörern wurde von Politikern wie Militärs nicht gerade gepflegt, obwohl Nebe und Helldorf für das Gelingen des Staatsstreichs von besonderer praktischer Bedeutung hätten sein können. Man hätte beispielsweise auch daran denken können, Nebe zu bitten, durch Kriminalisten seines Amtes ein Gutachten erstellen zu lassen, in welcher Weise führende Persönlichkeiten und Einrichtungen des Dritten Reiches am besten gegen Attentate und Staatsstreiche geschützt werden könnten. Genügend Beispiele aus der Vergangenheit lagen ja vor. Man hätte dann dieses Gutachten wie den Walküre-Plan für die entgegengesetzten Ziele verwenden können.

Stauffenberg lagen die politischen Pläne für die Zeit nach dem Staatsstreich offensichtlich besonders am Herzen. Sein Biograph, Wolfgang Venohr, schildert, daß Stauffenberg kalt und überlegt sich gegen Goerdeler durchsetzte und planmäßig Schritt für Schritt seinen Einfluß und Wirkungsbereich erweiterte. „Es war ja eine glatte Unverschämtheit, wie er mit Goerdeler umsprang[33]." Venohr sagt weiter von Stauffenberg, daß in ihm ein „verzehrender Ehrgeiz brannte" und daß er nicht bereit gewesen sei, sich mit der traditionell unpolitischen Rolle des deutschen Berufsoffiziers abzufinden, daß ihn „ein leidenschaftlicher Wille trieb, soviel Verantwortung (und Gefahr!) wie möglich auf sich zu nehmen"[34].

Während eines längeren Genesungsurlaubs kreisten Stauffenbergs Gedanken und Überlegungen weniger um Verschwörung und Attentat, als vielmehr um grundlegende Fragen wie z. B. das Verhältnis von Technik, Industrie und Wirtschaft zum Staat. Man kann seine Vorstellungen

---

[32] Gisevius, Wo ist Nebe?, Zürich 1966, 13.
[33] Venohr, Stauffenberg, Frankfurt 1986, 239.
[34] Venohr, 240.

von einer neuen Gesellschaft und seine Ideen wohl als „konservative Revolution" bezeichnen[35].

Aus seiner politischen Einstellung heraus drängte Stauffenberg seine Mitverschwörer dahin, den in Berlin vorhandenen kommunistischen Untergrund in die Verschwörung mit einzubeziehen, obwohl bekannt war, daß dieser Untergrund von Agenten der Gestapo durchsetzt war. Es konnte daher nicht überraschen, daß nach einem Treffen von Julius Leber mit Kommunisten Leber kurz darauf verhaftet wurde. Die Sorge der Verschwörer vor weiteren Ermittlungen der Gestapo und Aufdeckung der ganzen Verschwörung bewirkte, daß Stauffenberg sich nunmehr zum Handeln gedrängt fühlte.

Angesichts der im Westen und Osten brechenden Fronten hatten im Juli 1944 die politischen Pläne und die Anfertigung wechselnder Minister-listen einen Hauch von Irrationalität. Die totale Besetzung des ganzen Reichsgebietes in kurzer Zeit war vorhersehbar. Eine neue deutsche Regierung hätte wohl nur noch während einer kurzen Zeit im Amt bleiben können. Insgesamt kann man sich des Eindrucks nicht erwehren, daß zumindest einige Politiker und Militärs mehr an das „andere" Deutschland, d. h. an den zweiten Schritt als an den ersten, den Staats-streich selbst, gedacht haben. Die Fürstin Marie Wassiltschikow war im Auswärtigen Amt beschäftigt und mit Adam Trott zu Solz befreundet. In ihrem Tagebuch vermerkt sie, daß sie ihm vorgeworfen habe, „daß zuviel Zeit damit vergeudet wird, die Details zu vervollkommnen, während für mich jetzt nur noch eines wirklich wichtig ist – daß dieser Mann beseitigt wird. Was mit Deutschland geschieht, wenn er erst einmal tot ist, wird sich finden. Vielleicht erscheint mir das alles einfacher, weil ich keine Deutsche bin, während es für Adam wesentlich ist, daß für das ‚andere' Deutschland eine Überlebenschance besteht"[36].

Brutus und seine Mitverschwörer hatten, soweit wir wissen, keine Pläne für eine politische Neuordnung nach dem Tode Caesars ausgearbei-tet. Sie waren der Überzeugung, daß die alte Republik, die sie ersehnten, gleichsam von selbst wieder auferstehen würde. Man hat die Verschwörer deshalb Republikdoktrinäre genannt. Einige der Verschwörer hatten sich bei der Planung des Attentats dafür eingesetzt, nach der Ermordung Caesars sofort vor allem den mächtigen Antonius zu beseitigen, weil man dessen Macht, insbesondere seine Beliebtheit bei den Soldaten, fürchtete;

---

[35] Venohr, Stauffenbergs geistiger Hintergrund, Damals, November 1987, 990–991.
[36] Die Berliner Tagebücher der Marie ‚Missie' Wassiltschikow, 1940–1945, Berlin 1987, 229.

Brutus lehnte jedoch diesen Vorschlag ab, weil er – so berichtet Plutarch – sein Vorhaben nicht mit einer Tat der Ungerechtigkeit belasten wollte. Nach dem Tode Caesars war indessen der einzige, der militärisch und politisch handelte, der Konsul Antonius. Er nahm den Verschwörern sehr schnell den Wind aus den Segeln, so daß sie sich binnen kurzem zur Flucht veranlaßt sahen. Der Historiker Ernst Kornemann kommentierte, die Beseitigung des Antonius wäre zwar ein Verbrechen mehr, aber ein Fehler weniger gewesen[37], und Cicero resümierte, der Staatsstreich sei zwar mit dem Mut von Männern, aber mit dem Verstand von Kindern vollbracht worden[38].

3. Die Geheimhaltung

Machiavelli teilte seine Erfahrung mit, daß viele Verschwörungen verraten und gleich in ihren Anfängen unterdrückt wurden. „Bleibt aber eine (Verschwörung) trotz vieler Teilnehmer längere Zeit geheim, so ist dies schon eine ans Wunderbare grenzende Erscheinung[39].“

Diese Aussage stimmt noch heute; die Geheimhaltung von größeren Staatsstreichplänen ist nur selten gelungen, es gibt wohl kaum eine größere politische und militärische Aktion, die nicht in irgendeiner Weise spürbar wird. Berlin schwirrte vor dem Kapp-Putsch genau so von Gerüchten wie vor dem 20. Juli 1944. „Allzuviele Leute flüsterten in der Reichshauptstadt schon miteinander über ein bevorstehendes Attentat auf den Diktator[40].“ Margret Boveri klagte, daß in Deutschland eine Verschwörung schon deshalb nicht gelingen könne, weil die Verschwörer nicht gelernt hätten, den Mund zu halten. Sie ergänzte, Stauffenberg habe jedes unvorsichtige Wort gehaßt und in unzweideutigen Ausdrücken über die „Verschwörerkränzchen“ gesprochen[41]. Aber auch Stauffenberg war unvorsichtig; einem Besucher gegenüber äußerte er ohne große Vorbereitung: „Gehen wir gleich medias in res. Ich betreibe mit allen mir zur Verfügung stehenden Mitteln den Hochverrat“[42].

Ein anderer Verschwörer war nicht weniger unvorsichtig; im Hauptquartier der Heeresgruppe Mitte begrüßte der Oberleutnant Fabian von Schlabrendorff den SS-Führer Nebe und dessen Begleitung auf eine Art

---

[37] Römische Geschichte, Zweiter Band, Stuttgart 1942, 93.
[38] Giebel, Cicero, Reinbek bei Hamburg 1977, 120.
[39] Machiavelli, Gedanken über Politik und Staatsführung, Stuttgart 1941, 153.
[40] Venohr, Stauffenberg, 326.
[41] Boveri, Der Verrat im XX. Jahrhundert, Hamburg 1956, 16.
[42] Venohr, Stauffenberg, 336.

und Weise, die Nebe später zu ihm sagen ließ: „Ich weiß von Ihnen und kenne Ihre Gesinnung. Aber Sie müssen sie nicht so deutlich zur Schau tragen ... Nun kommt es nur darauf an, daß wir gut miteinander zusammenarbeiten und dazu gehört, daß wir alle niemals die Maske ablegen, bis es keinen Hitler mehr gibt"[43].

Vor dem Juli-Putsch in Wien hatten die Behörden schon ab Ende Mai 1934 konkrete Hinweise erhalten. Auch Bundeskanzler Dollfuß war gewarnt worden; im Ganzen war wohl „kein Putsch der Geschichte polizeilich so umfassend observiert worden"[44]. Die Behörden hatten von allen Seiten soviele Meldungen über Putschvorbereitungen gehört, daß man von einer gewissen „Alarmmüdigkeit" sprach[45]. Man darf wohl in solchen Fällen besser von einer Gewöhnung an ständig sich wiederholende Alarmnachrichten sprechen; vielfach ist es auch so, daß konkrete Warnungen einfach nicht geglaubt werden oder daß man sie nicht glauben will.

Auch die Verschwörung gegen Karl den Großen wurde verraten, und zwar durch einen Langobarden, den Diakon Fardulf, der dann später zur Belohnung die Abtei St. Denis erhielt.

Der Anschlag auf Caesar wurde den Verschwörern dadurch erleichtert, daß Caesar seine Leibwache entlassen hatte. Auf die Bedenken einiger Freunde hin hatte Caesar geantwortet, es sei besser, einmal zu sterben, als immer den Tod erwarten zu müssen. Noch auf dem Wege zur Senatssitzung am 15. März wurde Caesar letztmalig gewarnt, ließ sich aber nicht aufhalten und las auch den Brief nicht, der ihm zugesteckt wurde.

Der Attentäter gegen Nero verriet sich am Vorabend des geplanten Attentats durch ein feierliches Abschiedsmahl, aufwendige Vorbereitungen und Anspielungen auf einen gefährlichen Plan. Einer seiner Freigelassenen erriet die Zusammenhänge, eilte zum Kaiser und warnte ihn; nach anfänglichem Zögern glaubte Nero dieser Warnung, und damit waren Attentat und Staatsstreich gescheitert.

Auch in Belgrad wurde der serbische König Alexander vor dem Staatsstreich mehrfach gewarnt, schenkte diesen Warnungen aber keine Beachtung.

4. Oberbefehl und Aufgabenteilung

Mehr noch als im Kriege ist es für einen Staatsstreich notwendig, klare Befehlsverhältnisse zu schaffen und sicher zu stellen, daß dem Führer des

---

[43] v. Schlabrendorff, Begegnungen in fünf Jahrzehnten, Tübingen 1979, 219–220.
[44] Spira, 116.
[45] Jagschitz, 90–93.

Staatsstreichs unbedingter Gehorsam geleistet wird, weil sich die nunmehr zeitweilig oder kurzfristig Untergebenen nicht mehr in dem legalen und gewohnten Oben und Unten sicher fühlen können und gerade als Soldaten dann menschlich verständlichen Anfällen von Unsicherheit und Schwäche unterliegen mögen. Bei den Vorbereitungen zum 20. Juli 1944 war es nicht gelungen, dieses Problem zufriedenstellend zu lösen. Oberst Stauffenberg war zwar der anerkannte Motor der Verschwörung und unter allen Verschwörern wohl der entschiedenste und tüchtigste, aber er war nur der „Stabschef" des Unternehmens, und er konnte sich gegenüber den Generalen und Politikern nicht immer durchsetzen. Bezeichnend für seine nicht genau festgelegte Stellung war ein Telefongespräch, das Stauffenberg am 15. Juli 1944 mit seinem Freund, dem Obersten Albrecht Ritter Merz von Quirnheim führte. Stauffenberg hatte die Bombe mit ins Führerhauptquartier genommen. Auch sein Vorgesetzter, Generaloberst Fromm, befand sich in Ostpreußen. Deshalb konnte General Olbricht am Morgen um 11 Uhr, das heißt etwa 2 Stunden vor dem möglichen Anschlag auf Hitler, einige Truppenteile in der Nähe von Berlin alarmieren. Offensichtlich waren Stauffenberg aber keine klaren Direktiven gegeben, ob er die Bombe auch dann zünden solle, wenn der Reichsführer SS Himmler nicht bei der Besprechung anwesend war. Stauffenberg rief nun nach Beginn der Führerbesprechung Merz an und sagte, Himmler sei wieder nicht dabei. Merz meldete dies General Olbricht, Generaloberst Beck und verschiedenen anderen Offizieren, die in der Bendler-Straße warteten. Es ergab sich ein, wie Merz es empfand, „absichtlich herauszögerndes Hin und Her der Meinungen und Quertelefongespräche", die Merz das „tiefdeprimierende Gefühl gaben, daß man letztlich, wenn es den unbedingten Mut und Willen zur allerletzten Konsequenz gilt – sich alleine sieht". Nach einer halben Stunde wurde Stauffenberg schließlich mitgeteilt, daß die Generale unter diesen Umständen dagegen seien, das Attentat auszuführen. Stauffenberg antwortete, letztlich sei diese Entscheidung nur eine Angelegenheit zwischen Merz und ihm selbst, worauf Merz antwortete: „Tu's!"[46]. Als Stauffenberg dann in den Besprechungsraum zurückkehrte, hatte sich Hitler schon entfernt. Kostbare Zeit war verloren gegangen, weil zu viele Menschen mitgesprochen hatten. Man erinnert sich an das von Friedrich dem Großen oft wiederholte Verbot an seine Generale, einen Kriegsrat abzuhalten, in dem, wie er sagte, die Timiden immer die Oberhand haben. Bei jedem „Rat" werde die Verantwortlichkeit des Einzelnen für den Entschluß verringert. Generaloberst

---

[46] Hoffmann, Widerstand, Staatsstreich, Attentat, 3. Aufl., München 1979, 474–475.

v. Seeckt fügte dem die Bemerkung hinzu, daß Kriegs- und andere Räte um so gefährlicher seien, je größer sie seien und damit „kraftvollem und schnellem Entschluß feind"[47].

Wenn man der Auffassung ist, es habe überhaupt eine Chance bestanden, das Attentat auf Hitler und den Staatsstreich erfolgreich durchführen zu können, dann war diese Chance wohl mit Ablauf des 15. Juli 1944 endgültig vertan; man kann diesen Tag als die Wende, als die Peripetie des Widerstandes gegen Hitler ansehen. Die verspätete Herausgabe der Walküre-Befehle am 20. Juli hängt nicht zuletzt damit zusammen, daß man sich nach dem vergeblichen und von Generaloberst Fromm scharf gerügten Alarm vom 15. Juli nicht noch einmal, vielleicht vergeblich, hervorwagen konnte, zumal Fromm sich am 20. Juli in Berlin aufhielt.

Die günstigste Konstellation für einen Staatsstreich scheint die zu sein, daß der tatsächliche Oberbefehl in der Hand eines jüngeren Offiziers, meist eines Obersten, liegt, während bekannte Generale nur ihren Namen für das Gelingen zur Verfügung stellen. In Deutschland war diese Konstellation angesichts der traditionellen militärischen Hierarchie nur schwer herzustellen; die Verschwörer kamen daher zu der Auffassung, daß nur ein Feldmarschall einen anderen Feldmarschall für den Staatsstreich gewinnen könne. Es sei für die Feldmarschälle schwierig genug, nach dem Staatsstreich sich dem künftigen Staatsoberhaupt, dem Generalobersten Beck, zu unterstellen[48]. Augenzeugen fiel am 20. Juli 1944 in der Bendler-Straße auf, mit welch' unnachahmlicher Bewegung seines Marschallstabes – „nicht ohne einen gewissen Sarkasmus" – der Feldmarschall v. Witzleben als neuer Oberbefehlshaber der Wehrmacht sein neues Staatsoberhaupt, den Generalobersten Beck, grüßte[49].

Bei früheren Gelegenheiten hatte General Ludendorff – von seinen Anhängern der Feldherr genannt – seinen Namen und sein Prestige zur Verfügung gestellt; beim Kapp-Putsch stand er „zufällig" am Brandenburger Tor in Berlin, als die Brigade Ehrhardt einmarschierte, und am 8. November 1923 erschien er im Bürgerbräukeller als die „Vaterfigur" des Hitler-Putsches, demonstrierte Einigkeit mit Hitler und fügte sich dann nur widerwillig, als Hitler als selbsternannter neuer Reichskanzler ihm „nur" den Oberbefehl über die Reichswehr übertragen wollte.

Goodspead plädiert mit guten Gründen für eine klare Teilung der Verantwortung zwischen Strategen und Taktikern und meinte, es sei kein Zufall, daß bei den mißlungenen Staatsstreichen die Verantwortung nicht

---

[47] v. Seeckt, Gedanken eines Soldaten, Leipzig 1935, 121 und 161.
[48] Reynolds, Beck, Wiesbaden 1977, 231 und 234.
[49] Reynolds, 244.

klar geteilt und abgegrenzt war[50]. Einer der Verschwörer des 20. Juli 1944, Fabian v. Schlabrendorff, urteilte, in der gleichzeitigen Übernahme des Attentats und der Führung des Staatsstreichs durch Stauffenberg, dieser von Natur aus getrennten Aufgaben, habe der Kardinalfehler des 20. Juli gelegen, der den Staatsstreich mißlingen ließ[51]. Marion Gräfin Dönhoff nannte diese Doppelaufgabe Stauffenbergs „eine ungeheure Tragik"[52].

Es gab indessen triftige Gründe dafür, daß Stauffenberg das Attentat durchführen mußte, weil er als Einziger der Verschwörer zu dieser Zeit Zugang zu den Führerbesprechungen hatte. Nach der Durchführung des Sprengstoffanschlags war es ein außerordentliches Glück, daß es Stauffenberg überhaupt gelang, nach Berlin und in die Bendler-Straße zurückzukehren. Er hätte eigentlich schon nicht aus dem Führerhauptquartier entkommen dürfen, da sofort nach der Explosion Alarm ausgelöst worden war[53].

Während des Fluges mußte zudem mit Störungen durch die feindliche Luftwaffe gerechnet werden. Am 6. März 1944 hatte Berlin den ersten großen Bombenangriff durch amerikanische Flugzeuge unter Jagdschutz von 796 Langstreckenjägern erlebt[54], und auch am 19. Juli 1944 hatte es in Berlin mehrmals Luftalarm gegeben.

Himmler hatte frühzeitig von dem Attentat auf Hitler erfahren und hätte es in der Hand gehabt, Stauffenberg nach der Landung in Berlin verhaften zu lassen. Auf jeden Fall war durch den Flug von Ostpreußen nach Berlin „viel uneinholbare Zeit" verstrichen[55]. Peter Hoffmann schreibt dazu abschließend: „Stauffenberg hatte sich entschlossen, das Attentat trotz fast völlig fehlender Erfolgsaussichten selbst auszuführen, also seine Person zu opfern. Damit setzte er zugleich jeden denkbaren Erfolg des Staatsstreiches aufs Spiel, weil offenbar nur er ihn tatkräftig auslösen und führen konnte"[56].

Der portugiesische General Spinola, den die „Bewegung der Streitkräfte" an ihre Spitze gesetzt hatte, aber nicht führen ließ, wurde später gestürzt, nachdem er selbst einen mißglückten Putsch gemacht hatte.

Der Fidschianer Oberstleutnant Rabuka hatte zwar einen Vorgesetzten, der sich aber zur Zeit des Staatsstreichs in Australien aufhielt. In

---

[50] Goodspead, 234–236.
[51] v. Schlabrendorff, Offiziere gegen Hitler, Frankfurt 1959, 146.
[52] Fest, Hitler, 2. Band, Frankfurt 1976, 966.
[53] Hoffmann, Die Sicherheit des Diktators, München 1975, 233.
[54] Piekalkiewicz, Luftkrieg, 1939–1945, München 1982, 721.
[55] Fest, Hitler, 2. Band, 966.
[56] Schmädeke/Steinbach, 1016.

32

Anbetracht der zahlenmäßig kleinen Streitkraft war Rabuka gleichzeitig Stratege und Taktiker.

Die Verschwörer gegen Karl den Großen, mißgünstige und zu kurz gekommene Adlige, überredeten den Sohn Karls des Großen, Pippin den Buckligen, sich als Aushängeschild für die Verschwörung zur Verfügung zu stellen; Pippin war dazu allzu bereit, weil sein Vater ihn stets vernachlässigt hatte.

In Rußland hatte sich nach den Befreiungskriegen gegen Napoleon eine Verschwörung von Gardeoffizieren aus hohen und höchsten Schichten gebildet. Man wollte das rückständige und diktatorische Regime des Zaren stürzen und freiere politische und wirtschaftliche Verhältnisse schaffen, wie man sie im Westen Europas kennengelernt hatte. Jahrelang hatten die Verschwörer für den Fall Pläne geschmiedet, daß Zar Alexander stürbe. Als dieser Fall 1825 eintrat, zeigten sie sich indessen handlungsunfähig, „schlagender Beweis für den schemenhaften und tagträumerischen Charakter aller ihrer Revolutionspläne"[57]. Als man dann zur Aktion schreiten wollte, waren schließlich nur noch etwa 50 junge Offiziere von meist mittlerem und niederem Dienstgrad und eine Handvoll Zivilisten bereit zur Tat. Darüber hinaus gab es natürlich viele, die bereit waren, sich den Revolutionären – nach derem ersten Erfolg – anzuschließen. Doch in der Stunde der Tat ließen selbst einige der engsten Verschwörer ihre Mitstreiter im Stich.

Die Verschwörer vertrauten die Befehlsgewalt über die militärischen Operationen dem Fürsten Sergej Trubezkoj an, der schon deutlich gezeigt hatte, daß er dem ganzen Unternehmen im Grunde skeptisch gegenüberstand. Trotzdem wurde er zum „Diktator" bestimmt, weil er Träger eines Namens von historischem Klang, Gardeoberst und ranghöchster Offizier unter den Verschwörern war.

Am Tage der Eidesleistung für den neuen Zaren Nikolaus gelang es den Verschwörern, etwa 3000 Soldaten auf den Senatsplatz zu führen; man hatte zuvor mit 20 000 Soldaten gerechnet. Den Soldaten war von ihren Offizieren eingeredet worden, daß der rechtmäßige Thronfolger nicht Nikolaus, sondern dessen Bruder Konstantin sei. Ein Befehl zum Sturm auf den Winterpalast wurde nie erteilt, die Aufständischen und die Truppen des Zaren standen sich in eisiger Kälte fünf Stunden lang untätig auf dem Platz gegenüber. Fürst Trubezkoj war im entscheidenden Augenblick in Panik geraten, hatte seine Truppen verlassen und war stundenlang durch die Straßen von Petersburg geirrt. Sein Stellvertreter wurde ebenfalls nicht auf dem Platz gesehen. Die Trup-

[57] Ulam, Rußlands gescheiterte Revolutionen, München 1985, 66.

pen der Verschwörer wurden dann von zarentreuen Truppen zusammengeschossen.

In einer modernen Kritik dieses Staatsstreichs hieß es: „Die Verschwörer bewiesen Mut und Edelsinn, aber sonst nichts; sie standen moralisch und nach ihren Zielen turmhoch über jenen, die im Besitze der Macht waren, aber sie handelten nicht, sondern warteten, bis die Gegenseite sich vom ersten Schock erholt hatte und zum Gegenschlag ausholte"[58].

5. Das Kräftepotential

Zur Durchführung eines Staatsstreichs – und das ist eine sehr wesentliche Bedingung für den Erfolg – gehört ein kampfkräftiger militärischer Verband, dessen Kommandeur aus den Reihen der Verschwörer kommt und dem die Truppe bedingungslos gehorcht.

Eine solche, für den Kapp-Putsch „ideale" Einheit, war die Marinebrigade II, benannt nach ihrem Führer, dem Korvettenkapitän Hermann Ehrhardt. Sie bestand fast ausschließlich aus Offizieren, Deckoffizieren und Unteroffizieren der Marine. Sie war verhältnismäßig klein, so daß der personelle Zusammenhalt gewährleistet war, und sie war in starkem Maße an die Person Ehrhardts gebunden. Sie hatte den Ehrgeiz, so etwas wie eine Truppe von 1914 zu sein, und sie zeichnete sich durch besonders gute Disziplin aus[59].

Eine andere, für den beabsichtigten Putsch absolut zuverlässige Einheit war 1961 in Algier das Erste Fallschirmjägerregiment der Fremdenlegion unter dem Bataillonskommandeur de Saint Marc.

Die Einheit, die 1934 in Wien zur Besetzung des Bundeskanzleramtes angesetzt wurde, bestand aus etwa 150 Angehörigen der SS-Standarte 89, zu einem Teil waren es auch ehemalige Angehörige des Bundesheeres. Schon bei ihrer Einkleidung in Uniformen des Heeres in einer Turnhalle im Außenbezirk von Wien traten Verzögerungen auf. Bei der Abfahrt mit Lkws blieb der Lkw mit Waffen und Munition zurück, und der Anführer, Sturmbannführer Glass, der mit dem letzten Lkw mitfahren sollte, verschwand. Er hatte große Mühe, sich nach dem März 1938 für sein Verhalten zu rechtfertigen.

Die Verschwörer des 20. Juli 1944 hatten in Berlin keine „ideale" Truppe zu ihrer Verfügung; eine zeitlang dachte man an den zum Verschwörerkreis gehörenden Oberstleutnant Georg von Boeselager, der wegen Tapferkeit mit dem Ritterkreuz mit Eichenlaub ausgezeichnet war. Er traute sich zu, mit dem von ihm geführten Reiterregiment das Führer-

---

[58] Schreiber/Schreiber, Mysten, Maurer und Mormonen, Wien 1956, 293.
[59] Schulze, 256.

hauptquartier zu stürmen. Sein Regiment lag jedoch in Rußland, und eine
Verlegung nach Ostpreußen ließ sich nicht durchsetzen[60]. Auch andere
Versuche, zuverlässige Verbände – zuverlässig im Sinne der Verschwörer
– eine zeitlang zur Verfügung zu halten, schlugen fehl[61]. Verlegungen von
Verbänden mit der Eisenbahn aus der Richtung der Front nach Berlin
wären wahrscheinlich schon an den beteiligten Transportkommandantu-
ren gescheitert, weil keine Transportbefehle von den zuständigen höheren
Stellen zu erhalten gewesen wären. Über die Kampfkraft der für den
Staatsstreich in und um Berlin alarmierten Schulen und Ersatztruppenteile
ist wenig bekannt; anzunehmen ist, daß die Kampfkraft nicht sehr groß
war. Diese Verbände waren im Sommer 1944 schon häufig ausgesiebt,
nicht zuletzt durch die Aktion des Generals von Unruh, des sogenannten
„Heldenklaus". Der Ersatztruppenteil der SS-Leibstandarte in Lichter-
felde war wahrscheinlich in ähnlichem Zustand. Außerdem mußten die
Verschwörer in der jüngeren Generation der Hauptleute und Leutnants,
die zumeist in der Hitler-Jugend gewesen waren, mit Widerstand gegen
einen Staatsstreich rechnen. Das muß überdies wohl auch für das Regiment von v. Boeselager angenommen werden[62]. Es kam hinzu, daß der
Einsatz der in und um Berlin stationierten, zum Teil alarmierten und in
Marsch gesetzten Truppenteile „behindert (war) durch ein kompliziertes
Befehlssystem und unklare Zuständigkeiten"[63]. Den Verschwörern fehlte
überdies der für die Erfüllung militärischer Aufgaben, z. B. in Fernmelde-
positionen, so wichtige Unterbau von Unteroffizieren und Mannschaften.
In den Planungen der Verschwörer tauchte auch der Gedanke auf, eventuell Verbände, die aus ausländischen Freiwilligen bestanden, für die
Zwecke des Staatsstreichs einzusetzen. Dazu schreibt jedoch v. Herwarth:
„Stauffenberg und wir alle waren fest davon überzeugt, daß die Beseitigung Hitlers ein deutsches Problem wäre und nur von Deutschen gelöst
werden könnte"[64].
Diese Auffassung ist sicherlich ehrenwert und auch verständlich, zeugt
aber nicht von genauerer Geschichtskenntnis. Zu allen Zeiten haben
fremdvölkische Einheiten bei Staatsstreichen oder auch zum Schutz der
Machthaber gegen Staatsstreiche eine große Rolle gespielt, weil fremde
Soldaten in fremder Umgebung weniger korruptionsanfällig und stärker
auf ihren Kommandeur angewiesen sind als einheimische Truppen. Vor-

---

[60] v. Schlabrendorff, 132.
[61] v. Herwarth, Zwischen Hitler und Stalin, Frankfurt 1985, 300–301.
[62] Boveri, 20–21.
[63] Der militärische Widerstand gegen Hitler und das NS-Regime 1933–1945, mit
Beiträgen von Fischer u. a., Herford 1984, 154.
[64] v. Herwarth, 300.

aussetzung ist allerdings, daß dieser Kommandeur ein echter und mitrei-
ßender Truppenführer ist. Schon germanische Söldner haben im römischen Reich eine entsprechende Rolle gespielt[65], das gleiche gilt von
türkischen Sultanen mit ihren albanischen Leibwachen bis hin zum spani-
schen Staatschef Franco, der sich eine maurische Leibwache hielt[66].

6. List – Gewalt – Schnelligkeit

Vor staatsstreichartigen Angriffen auf Herrscher oder sonstige Gewalthaber und Diktatoren hat es immer schon Diskussionen über die Rechtfertigung eines derartigen gewalttätigen Vorgehens gegeben. Jakob Burck-
hardt schrieb in seinem Werk „Die Kultur der Renaissance in Italien": „So
wie die Herrschaft eine unbedingte, aller gesetzlichen Schranken entle-
digte, so ist auch das Mittel der Gegner ein unbedingtes. Schon Bocaccio
sagt es offen: ,Soll ich den Gewaltherren König, Fürst heißen und ihm
Treue bewahren als meinem Oberen? Nein! Denn er ist Feind des
gemeinen Wesens. Gegen ihn kann ich Waffen, Verschwörungen, Späher,
Hinterhalt, List gebrauchen; das ist ein heiliges, notwendiges Werk. Es
gibt kein lieblicheres Opfer als Tyrannenblut'[67]."

Schon Jahrhunderte vorher hatte Thomas von Aquin seine Lehre vom
kleineren Übel entwickelt, die zu allen Zeiten bei politischen und militärischen Entscheidungen eine wesentliche Rolle gespielt hat. Thomas von
Aquin hatte es in äußersten Fällen als Recht der Untertanen anerkannt,
einen Tyrannen zu ermorden[68].

Friedrich der Große sagte in seinem „Totengespräch": „Die Staatsstreiche sind keine Verbrechen, und alles, was Ruhm bringt, ist groß ... Lassen
Sie es sich gesagt sein, Herr Philosoph, wenn man die Welt regiert, darf
man kein enges Gewissen haben"[69].

Nach Machiavelli muß der Politiker Löwe und Fuchs zugleich sein,
List und Gewalt sind die beiden entscheidenden politischen Triebkräfte[70].

List und Gewalt werden auch bei den meisten Staatsstreichen ange-
wandt. Am 20. Juli 1944 wurde nach der Auslösung des Stichwortes
„Walküre" das zweite Fernschreiben zur Täuschung der Empfänger mit

---

[65] Alexander Graf Schenk von Stauffenberg, Das Imperium und die Völkerwan-
derung, München o. J., 22.
[66] Middendorff, Politische Morde im alten Griechenland, Polizei Digest, April
1986, 44–45.
[67] Stuttgart 1947, 53–54.
[68] Quellen in: Middendorff, Der politische Mord, BKA, Wiesbaden 1968, 152 ff.
[69] Middendorff, Der politische Mord, 155–156.
[70] Schieder, Friedrich der Große, Frankfurt 1983, 102.

der Unterschrift Fromm's versehen, wobei dieser als „Oberbefehlshaber im Heimatkriegsgebiet" bezeichnet wurde, was bei den Empfängern in der Provinz zu Irritationen führen mußte, weil es diesen Titel bisher nicht gab. Man kann nur vermuten, warum die Täuschung also nur halbherzig ausgeführt wurde; schon Jahre zuvor hatte Hitler sich über einen Mangel an Kreativität seiner Generale beklagt, den er auf übertriebene Korrektheit zurückführte: „Sie wurzeln in überholten Begriffen ... ihnen fallen keine Listen ein. Sie hätten mehr Karl May lesen sollen[71]!"

Es ist jedenfalls eine alte Erfahrung, daß auch das Kriegshandwerk Listen, Hinterhalte, Tarnung und ähnliche Mittel immer gekannt hat, „jedoch waren für den preußischen Offizier alle Hinterhalte auf dem Gefechtsfeld vom Makel moralischer Hinterhältigkeit befreit, weil ihnen eine generelle und offene Kriegserklärung vorausgegangen war"[72]. Bei einem Staatsstreich ist naturgemäß eine derartige Ankündigung unmöglich.

Bei dem Athener Staatsstreich der Obristen wurde vom Rundfunksender der Armee die Erklärung abgegeben, daß die Armee die Regierungsgewalt übernommen habe und daß sie sich auf ein königliches Dekret berufe, durch das ein Teil der Verfassung außer Kraft gesetzt worden sei. Außerdem wurde fälschlicherweise behauptet, man wolle einen drohenden kommunistischen Umsturzversuch verhindern. Als Mittel der Alarmierung der Truppen diente der Plan „Prometheus", der für den Gebrauch der Nato bestimmt war, nun aber für den Staatsstreich benutzt wurde. Er sah vor, daß für den Fall eines kommunistischen Angriffs alle strategisch wichtigen Punkte von der Armee besetzt würden[73].

Die Dekabristen in Petersburg arbeiteten mit der falschen Behauptung, der neue Zar Nikolaus sei ein Usurpator, und sie, die Verschwörer, müßten die Rechte des rechtmäßigen Zaren Konstantin, des Bruders von Nikolaus, sichern.

General Malet errang in Paris seine Anfangserfolge mit der Behauptung: „Der Kaiser ist am 7. Oktober unter den Mauern von Moskau gefallen. Das kaiserliche Regime ist gestürzt". Es war bekannt, daß zur damaligen Zeit ein Kurier von Paris zum kaiserlichen Hauptquartier etwa 14 Tage benötigte. Schon kurze Zeit später zeigte sich, wie wenig Verlaß auf Truppen ist, die mit gefälschten Befehlen in Bewegung gesetzt werden. Malet hatte mit Erfolg einige Kommandostellen in Paris überrumpelt

---

[71] Scholdt, Hitler, Karl May und die Emigranten, in: Roxin u.a., Hrsg., Jahrbuch der Karl May-Gesellschaft 1984, Husum 1984, 73.

[72] Ehlers, Technik und Moral einer Verschwörung, Frankfurt 1964, 120.

[73] Mathiopoulos, Athen brennt. Der 21. April 1967 in Griechenland, Darmstadt 1967, 13, 18–19, 22–23.

und wollte nun die Standortkommandantur von Paris übernehmen; die von ihm mitgeführten Soldaten standen auf der Place Vendôme. Der Stabschef des Standortkommandanten, Oberst Doucet, erkannte jedoch die Fälschung der ihm gezeigten Befehle und wußte zudem, daß Malet eigentlich in einem Hospital interniert war. Doucet begab sich auf den Balkon und rief den Soldaten zu: „Ihr seid mit einem lächerlichen Märchen an der Nase herumgeführt worden; der Mann, den wir verhaftet haben (Malet), ist ein ganz gewöhnlicher Betrüger". Sofort antworteten die Soldaten mit einem ohrenbetäubenden „Vive l'Empereur!"[74]

1923, beim Hitler-Putsch, spiegelte Hitler den im Bürgerbräukeller Versammelten vor, Kahr-Lossow und Seißer, d. h. die Repräsentanten Bayerns für Politik, Reichswehr und Polizei, seien einig mit ihm. Schon vorher waren im Rahmen der Vorbereitung des Putsches falsche Befehle im Namen der Genannten herausgegeben worden[75].

Die Effizienz von List und Gewalt ist auch vom Zeitpunkt ihrer Anwendung, von der Schnelligkeit und Härte des Einsatzes und von der Ausnutzung des Überraschungsmomentes abhängig. Der seit jeher bevorzugte Zeitpunkt für einen Putsch oder Staatsstreich ist die Nacht, wenn nicht die Umstände dazu zwingen, eine andere Tageszeit zu wählen, wie dies am 20. Juli 1944 der Fall war. Durch die verspätete Auslösung des Walküre-Alarms und die langwierigen Schreibprozeduren kam ein großer Teil der Fernschreiben zu ungünstigster Zeit, nämlich nach dem Dienstschluß um 18 Uhr, in der Provinz an. Auch im fünften Kriegsjahr wurde dieser Dienstschluß bei den Heimatdienststellen noch weitgehend eingehalten. Etwa gleichzeitig trafen dann auch die Fernschreiben mit den Gegenbefehlen aus dem Führerhauptquartier ein.

Die Athener Obristen schlugen in der Nacht um 2 Uhr zu, die Truppen Kassems griffen den Königspalast in Bagdad am frühen Morgen an, und Malet führte seine ersten Verhaftungen ebenfalls in diesen Stunden durch.

Es fehlte am 20. Juli 1944 nicht an Mahnungen, sofort offene und spektakuläre Gewalt anzuwenden, um Gegner abzuschrecken und die eigenen Leute fester an den Staatsstreich zu binden und ihnen klarzumachen, daß es kein Zurück mehr geben könne. Der Zivilist Hans Bernd Gisevius drängte Stauffenberg mehrfach: „Stauffenberg, wir müssen ein paar Leichen haben! Goebbels und Gestapo-Müller leben noch!" Doch Stauffenberg wolle „nicht recht heran", schon die burschikose Aus-

---

[74] Castelot, Die großen Stunden von Paris, Wien 1961, 176.
[75] Fest, Hitler, 1. Band, Frankfurt 1976, 263. Gordon jr., Hitlerputsch 1923, München 1978, 351.

drucksweise mißfiel ihm, der einige Stunden zuvor das Attentat ausgeführt hatte.

Peter Hoffmann wies auf den Gegensatz und die Ressentiments zwischen Stauffenberg und Gisevius hin, der ein „sehr begreifliches Mißtrauen ... gegenüber Stauffenbergs unbestimmten, wenn auch hochherzigen politischen und sozialen Ideen" hegte[76]. Hoffmann fragt weiter: „War es realistisch, gegen die ‚bisherigen Machthaber', die keine Skrupel kannten, mit Methoden erfolgreich vorgehen zu wollen, die sich von denen der Machthaber deutlich abhoben? Mußte man das nicht auf die Zeit nach dem Umsturz verschieben? Manch einer, wie Gerstenmaier und Gisevius, haben diese letzte Frage mit Nachdruck bejaht, aber sie drangen nicht durch gegen die, deren Menschlichkeit ihnen zum Nachteil gegen die Unmenschlichkeit ausschlug"[77]. Und der Historiker Gert Buchheit schrieb: „Verschwörer haben nur dann Erfolg, wenn sie handeln, statt zu verhandeln. Ja, angesichts der Ungewißheit über den Ausgang des Bombenattentates kam erst recht alles darauf an, jeden Widerstand rasch und rücksichtslos zu brechen. Die ersten Toten hätten ein Faktum geschaffen, das als solches alarmierend wirkte, indem es die einen lähmte und die anderen mitriß"[78]. Wenn Fromm sofort erschossen worden wäre, hätte vielleicht Olbricht nicht gezögert und nicht schließlich gefragt, ob man noch zurück könne[79]. Und Hoepner hätte vielleicht auch nicht als neuer „Oberbefehlshaber im Heimatkriegsgebiet" seinen Kameraden in der Provinz den Rat gegeben, erst einmal still zu halten und abzuwarten.

Ernst Jünger, der Stoßtruppführer des Ersten Weltkrieges, kommentierte am Nachmittag des 21. Juli 1944 in Paris den Fehlschlag mit den Worten: „Da muß man doch einfach schießen"[80].

Fromm dagegen ließ noch in der Nacht zum 21. Juli vier Verschwörer, unter ihnen Stauffenberg, erschießen, was Hitler zu der Bemerkung veranlaßte, Fromm habe wohl die Mitwisser seiner schwankenden Haltung zum Schweigen bringen wollen.

In Santiago de Chile ließ Präsident Allende die Möglichkeit zur Flucht vorübergehen – General Pinochet hatte ihm ein Flugzeug zur Verfügung gestellt – und verschanzte sich im Regierungsgebäude, der Moneda. Es wurden ihm noch einige Ultimaten gestellt, die Allende verstreichen ließ, bis dann die Moneda durch die Luftwaffe mit Raketen in Brand geschos-

---

[76] Widerstand, Staatsstreich, Attentat, 771.
[77] Widerstand, Staatsstreich, Attentat, 517.
[78] Buchheit, Soldatentum und Rebellion, Rastatt 1961, 388.
[79] Hoffmann, Widerstand, Staatsstreich, Attentat, 613.
[80] FAZ, 14. 7. 1984.

sen wurde. Präsident Allende starb, und damit war der Staatsstreich geglückt.

Korvettenkapitän Ehrhardt, das „Musterbeispiel eines Front- und Freikorpsoffiziers"[81], ließ seine Truppe auf dem Marsch nach Berlin an der Pichelsdorfer Brücke haltmachen und zwei Stunden kampieren, weil er noch auf die Antwort der Reichsregierung wartete, die schon im Begriff war, aus Berlin zu fliehen. „Es war der schwerste Fehler, den Ehrhardt hatte begehen können", er hätte ohne weiteres schon morgens gegen 4 Uhr das Regierungsviertel erreichen und die Reichsregierung festsetzen können. „Daß das nicht geschah, entschied vermutlich bereits über die Zukunft des Putsches"[82].

7. Nachrichtenmittel und Massenmedien

Die Beherrschung der Nachrichtenmittel und der Massenmedien kann für das Gelingen eines Staatsstreichs von entscheidender Bedeutung sein. Nachdem sich die Regierung Kapp installiert hatte, suchte man in der Reichskanzlei lange vergeblich nach einer Schreibmaschine, um die Entwürfe für eine Kundgebung und das Regierungsprogramm veröffentlichen zu können. Als man die Schreibmaschine gefunden hatte, war es für die außerhalb Berlins erscheinenden Zeitungen schon zu spät; die in Berlin selbst erscheinenden Zeitungen konnte man nicht für diesen Zweck benutzen, weil man sie selber schon verboten hatte[83]. Man hatte auch nicht daran gedacht, die Telefon- und Telegrafenzentralen rechtzeitig besetzen zu lassen[84].

Die Verschwörer des 20. Juli hatten den Gebrauch der Massenmedien, insbesondere des Rundfunks, vorgesehen, und eine Einheit der Infanterie-Schule Döberitz hatte auch unter Führung des Majors Jakob das Funkhaus an der Masurenallee ohne Schwierigkeiten besetzt. Jakob verstand aber nichts von Rundfunktechnik und konnte daher die Ausführung seines Befehls, die Sendungen zu unterbrechen, nicht nachprüfen. Er rief nach der Besetzung des Funkhauses in der Bendler-Straße an, erreichte dort aber niemanden. So erfuhren also die Verschwörer gar nicht, daß das Funkhaus besetzt worden war; die üblichen Sendungen liefen dort zunächst weiter[85].

---

[81] Schulze, 257.
[82] Schulze, 271.
[83] Schulze, 272.
[84] Schulze, 293–294.
[85] Hoffmann, Widerstand, Staatsstreich, Attentat, 604–605.

Die erste Rundfunknachricht über das Attentat überhaupt war eine Sondermeldung aus dem Führerhauptquartier, daß Hitler lebe.

Nach Auslösung des Walküre-Alarms brachte auf Befehl von Oberst Merz von Quirnheim Hauptmann Klausing das erste Fernschreiben zum zuständigen Leiter des Nachrichtenbetriebes, Leutnant Röhrig, und gab ihm den Befehl „Sofort absetzen". Da auf dem Fernschreiben aber weder Geheimhaltungsgrad noch Dringlichkeitsstufe angegeben waren, lief Röhrig Klausing nach und bat ihn um nähere Anweisung, worauf Klausing die höchste Dringlichkeitsstufe und die höchste Geheimhaltungsstufe auf dem Exemplar vermerkte. Das bedeutete, daß das Fernschreiben über G.-Schreiber abgesetzt werden mußte und zwei Damen damit mindestens drei Stunden zu tun hatten, wenn man für einen Absetzvorgang 15 Minuten annimmt[86]. Die Verschwörer hatten keinen Nachrichtenoffizier für die Aktion gewonnen oder gewinnen können und anscheinend auch nicht daran gedacht, einen der herumstehenden Offiziere mit der Kontrolle des Leutnants Röhrig zu beauftragen.

Den Verschwörern war zudem nicht bekannt, daß der größte Teil der Fernschreiben der Bendler-Straße durch eine bestimmte Schaltung auch in das Führerhauptquartier gelangten[87]. Sie hatten offensichtlich den Fernschreibbetrieb nicht genügend in ihre Planung einbezogen.

Die nachrichtenmäßige Absperrung des Führerhauptquartiers konnte nur unvollkommen gelingen, denn Bormann hatte seine eigenen Nachrichtenmittel, insbesondere blieb sein eigenes Fernschreibnetz während des ganzen Staatsstreichs intakt[88]. Wahrscheinlich verfügten auch Himmler, Göring und Ribbentrop über eigene geheime Nachrichtenverbindungen. General Fellgiebels Möglichkeiten waren beschränkt; die Situation wurde so gekennzeichnet: „Die Wolfsschanze nachrichtentechnisch zu isolieren, wäre für zwei oder drei kleine Postbeamte leichter gewesen als für (General) Fellgiebel oder (Oberst) Hahn. Für diese dagegen war es fast unmöglich, die nötigen Helfer für ihr Vorhaben zu finden"[89].

Der Putsch in Algier wurde insbesondere durch den Einsatz der Massenmedien schnell beendet. General de Gaulle wandte sich in Fernsehen und Radio direkt an die Bevölkerung und bat die Franzosen um Hilfe. Vor allem die Rekruten der Armee wurden durch diesen Appell beeinflußt, und man nannte den Putsch deshalb auch den „Transistor-Putsch"[90].

---

[86] Hoffmann, Widerstand, Staatsstreich, Attentat, 514–516.
[87] Hoffmann, Widerstand, Staatsstreich, Attentat, 540–541.
[88] v. Lang, Der Sekretär, Frankfurt 1980, 270.
[89] Hoffmann, Widerstand, Staatsstreich, Attentat, 420.
[90] Luttwak, 133.

Pinochet schließlich ließ die Radio- und Fernsehstationen, die noch
Verlautbarungen der Regierung Allende verbreiteten, durch die Luftwaffe
zerstören.

8. Die Gründe des Scheiterns

Der Staatsstreich vom 20. Juli 1944 – einer der schwierigsten und
gefährlichsten in der Geschichte überhaupt – wurde, wie oben gezeigt,
nicht nach den für einen Staatsstreich traditionellen Regeln durchgeführt.
Die tieferen Gründe des Scheiterns liegen aber unter anderem darin, daß
die Verschwörer zuviel Gewicht auf das Attentat gegen Hitler und zu
wenig auf den eigentlichen Staatsstreich legten. Man glaubte, daß der Tod
Hitlers die Soldaten automatisch von ihrem Fahneneid lösen würde und
daß dann die andere Automatik des „militärischen Befehl-Gehorsam-
Systems"[91] einsetzen würde. „Man verließ sich eben auf das jahrhunderte-
alte preußische Prinzip des unbedingten Gehorsams, auf den Automatis-
mus eines zentralisierten Apparates, der jeden Aufwand an eigener Ein-
sicht, jeden Zwang zur Prüfung der Befehle und jede Parteinahme
ersetzte"[92]. Die Verschwörer hielten es – grob gesagt – für möglich, das
ganze System des Nationalsozialismus mit Fernschreiber und Telefon zu
verändern, sie sahen nicht den Widerspruch, der darin liegt, unbedingten
Gehorsam zum Ungehorsam zu verlangen.

In den ersten Jahren nach 1945 glaubte man allgemein, das Mißlingen
des Staatsstreichs sei nur auf den unglücklichen Zufall zurückzuführen,
daß Hitler bei der Bombenexplosion nicht getötet worden war. Heute
wissen wir indes, daß auch beim Tod Hitlers der Staatsstreich aller
Wahrscheinlichkeit nach mißlungen wäre. Die Verschwörer hatten schon
immer den Einfluß der Unterführer Hitlers gefürchtet und zunächst auch
verlangt, daß bei einem Attentat auf Hitler zugleich auch Himmler und
Göring ausgeschaltet würden, „weil man befürchtete, daß Himmler (oder
Göring) auch nach Hitlers Tod das Nazi-Regime aufrecht erhalten und
den Aufstand niederschlagen könne"[93].

Im folgenden sei auf einige Punkte hingewiesen, die nach einem Tod
Hitlers wohl von Bedeutung gewesen wären. Himmler wußte bereits um
13 Uhr am 20. Juli Bescheid, daß das Attentat mißglückt war, er wartete
aber zunächst ab. Er war, wie es hieß, „passiv liiert mit der Verschwörung", er liebäugelte mit ihr[94]. Der nominierte Nachfolger Hitlers,

---

[91] Krebs, Fritz-Dietlof Graf von der Schulenburg, Hamburg 1964, 299.
[92] Buchheit, 390.
[93] Reynolds, 227.
[94] Ehlers, 159.

Göring, befand sich am 20. Juli in seinem Sonderzug in der Nähe des
Führerhauptquartiers. Im Volk war er immer noch beliebt, im Ganzen
aber war er nur noch „eine klägliche Figur ohne Ansehen"[95].

Gegensätze zwischen den Wehrmachtsteilen untereinander und auch
zwischen ihnen und der Waffen-SS waren alt. Hitler hatte angeblich
einmal geäußert, er habe ein preußisches Heer, eine kaiserliche Marine
und eine nationalsozialistische Luftwaffe[96]. Bei einem eigenmächtigen
Handeln des Ersatzheeres – einer Verwaltungsbehörde – waren die Haltung der Marine und der Luftwaffe sowie die Reaktionen der Waffen-SS
und des Ostheeres „Unsicherheitskoeffizienten"[97]. Auch General Bennecke sprach am 20. Juli 1984 von dem vernichtenden Eindruck des
Attentates auf Hitler auf das in schwere Kämpfe verwickelte Ostheer[98]. In
der Biographie des Generaloberst Guderian wird – wohl zu vereinfachend
– gesagt, daß es bei den Fronttruppen nur eine Stimme gegeben habe,
nämlich „Empörung und Verurteilung des Attentats"[99]! Die Marine mit
ihrem Oberbefehlshaber Dönitz galt zuletzt als „treuester Wehrmachts-
teil"[100], sie war noch immer belastet mit dem Stigma der Dolchstoßle-
gende von 1918.

Insgesamt wurde das deutsche Reich allein durch die Person Hitlers
zusammengehalten. Er hatte, wie der Historiker Gordon A. Craig
urteilte, die Technik des ‚divide et impera‘ konsequent angewendet, so
daß das Regime nur eine vertikale, aber keine horizontale Kommunika-
tion kannte. Das Bild von einem perfekt funktionierenden Staat sei
niemals viel mehr als ein Mythos gewesen[101]. So wies der Historiker Hans
Mommsen in der „Süddeutschen Zeitung" vom 14. Juli 1984 darauf hin,
„daß die fortschreitende Aushöhlung der Zuständigkeit der klassischen
Ministerien, die sich gleichzeitig vollziehende Informalisierung der Herr-
schaftsausübung durch einander bekämpfende führerimmediate Apparate
und die von Hitler bewußt vorangetriebene Auflösung der inneren
Homogenität des Offizierskorps, sowie die Autonomie der Wehrmachts-
führung es unmöglich (machten), durch eine bloße Regierungsumbildung
und die Ausschaltung einiger Machtzentren des Nationalsozialismus wie

---

[95] Der militärische Widerstand gegen Hitler und das NS-Regime 1933–1945,
162; Mosley, Göring, Bergisch-Gladbach 1977, 14.
[96] Ehlers, 15.
[97] Görlitz, Der deutsche Generalstab, Frankfurt o. J., 656.
[98] Siehe auch: Der militärische Widerstand gegen Hitler und das NS-Regime
1933–1945, 9.
[99] Walde, Guderian, Frankfurt 1978, 213.
[100] Der militärische Widerstand gegen Hitler und das NS-Regime 1933–1945,
161.
[101] Der Spiegel, 53, 1980.

des SS-Apparats und des Reichspropagandaministeriums zu den angestrebten innenpolitischen Machtveränderungen zu gelangen".

Es sind daher sehr starke Zweifel angebracht, ob nach dem Tod Hitlers die Befehle aus der Bendler-Straße befolgt worden wären.

Auch aus den Kreisen der Verschwörer wurden schon vor Attentat und Staatsstreich bezüglich des Erfolges erhebliche Zweifel geäußert. Der Marineoberstabsrichter Berthold von Stauffenberg sagte vor dem Umsturzversuch: „Das Furchtbare ist, zu wissen, daß es nicht gelingen kann und daß man es dennoch für unser Land und unsere Kinder tun muß"[102]. Auch Guderian hielt den Staatsstreich für „undurchführbar"[103], und General Ernst Köstring bezeichnete den heroischen, aber ergebnislosen Versuch als „naturnotwendiges Fiasko"[104].

Einer der Hauptfehler der Verschwörer war zudem der, die psychologischen Gegebenheiten der Menschen zu verkennen, an die sie sich wandten, das heißt in diesem Fall sowohl die Mitverschworenen als auch die Unbeteiligten. Die Verschwörung war an ihren Rändern „ausgefranst", was bedeutet, daß zwar mancher etwas von ihr wußte, aber nur halbherzig dabei war, denn man übersah nicht, daß ein Aktivwerden beim Staatsstreich mit Lebensgefahr verbunden war, und so schreckte man dann, als es ernst wurde, zurück. Bei den meisten Menschen besteht zwischen Gedanke, Wunsch, Wille und Absicht auf der einen Seite und der tatsächlichen Ausführung auf der anderen Seite ein großer Gegensatz. Wahrscheinlich führen die Menschen allgemein überhaupt nur einen Bruchteil ihrer Pläne und Absichten auch tatsächlich aus. Schon Livius kannte dieses Phänomen. Er berichtete einmal, daß sich viele Männer für ein Unternehmen gemeldet hatten, später aber, als es ernst wurde, nur ein Bruchteil von ihnen erschien[105]. Eingedenk dieser menschlichen Gegebenheiten mahnte Clausewitz, nicht alle „Wirkungen" fänden so präzise statt, wie man sich dies vorstelle, und eine Armee sei nie in dem Zustand, den man voraussetze[106]. Diese Worte gelten um so mehr für einen Staatsstreich, bei dem man nicht mit dem unbedingten Gehorsam der Soldaten rechnen kann; die Verschwörer hätten also in personeller Hinsicht mehrfache Sicherungen einbauen müssen, was bei dem geringen Umfang der Verschwörung nicht möglich war.

---

[102] Der militärische Widerstand gegen Hitler und das NS-Regime 1933–1945, 132.
[103] Walde, 212.
[104] General Ernst Köstring, Frankfurt o. J., 92.
[105] v. Hentig, Machiavelli, 47.
[106] Clausewitz, Geist und Tat, Stuttgart 1941, 93.

44

Als Beispiel für das Verhalten Uneingeweihter sei auf die Reaktionen einiger Befehlshaber in den Wehrkreisen hingewiesen. Sie bekamen plötzlich Fernschreiben auf den Tisch, durch welche die Abschaffung des elfeinhalb Jahre alten Regimes verkündet wurde, eines Regimes, dem sie ihre augenblickliche Existenz, zumindest ihren hohen Rang verdankten. Die Reaktion der Befehlshaber wurde zu einem Teil auch dadurch bestimmt, daß in diesem Fall nicht, wie man es sonst erwarten konnte, grundlegende Befehle vorher mehr oder weniger verhüllt angekündigt worden waren. Die Generale in der Provinz hielten üblicherweise Verbindung untereinander und kannten auch ihre Vorgesetzten in Berlin, so daß derartige Überraschungen, wie sie die Fernschreiben des 20. Juli darstellten, eigentlich hätten ausgeschlossen sein sollen. Die Generale reagierten demzufolge in der Regel so, wie ein Soldat reagiert, wenn er einen grundlegend neuen, aus der Situation heraus nicht verständlichen Befehl erhält: vor der Ausführung versichert er sich durch Rückfrage bei seinem Vorgesetzten von der Richtigkeit des erhaltenen Befehls. Dies taten auch die Befehlshaber, so daß, wie es in den Schilderungen des 20. Juli heißt, Oberst Stauffenberg in Berlin von einem Telefon zum anderen lief – dadurch wertvolle Zeit verlierend –, in dem Bemühen, die Befehlshaber bei der Stange zu halten. Hier zeigten sich die schon Clausewitz bekannten „Friktionen der Maschine" besonders deutlich.

Beim Putsch von Algier zögerten die französischen Befehlshaber außerhalb von Algier, die Befehle der Putschisten zu befolgen und ihnen zu Hilfe zu kommen. Der damalige Regimentskommandeur Oberst Vaillant machte seinen jüngeren, putschbereiten Offizieren klar, daß sie nur über seine Leiche nach Algier marschieren könnten. Sein Wort „Die Lanze diskutiert nicht mit der Hand, die sie hält" machte später in der Armee die Runde.

IV Die Persönlichkeit der Verschwörer

Die Persönlichkeitsforschung ist eine zentrale Aufgabe der Kriminologie und der Psychologie. Für viele Menschen ist sie jedoch ein Tabu, zumindest sehen sie darin einen unangemessenen Einbruch in Intimbereiche. Prinz Louis Ferdinand von Preußen lernte schon in seiner Jugend von seinem Lehrer, daß er viele Menschen vor den Kopf stoßen werde, wenn er die Geschichte auf menschliche Motive zurückführe[107]. Man mag sich indessen an ein Wort Jakob Burckhardts erinnern, daß das Zentrum der

---

[107] Im Strom der Geschichte, 62.

geschichtlichen Betrachtung der duldende, strebende und handelnde Mensch sei, „wie er ist und immer war und sein wird"[108].

Nach dem Zweiten Weltkrieg hat sich, insbesondere an der Gestalt Adolf Hitlers, die Psychohistorie entwickelt, die geeignet ist, der Biographie neue Dimensionen zu erschließen. Im Ergebnis relativiert die psychologische Forschung, denn sie zeigt den Menschen mehr mit Fehlern behaftet oder mit guten Eigenschaften ausgestattet, als er äußerlich erscheinen mag. Psychologische Typologien sind sicherlich von nur begrenztem Wert, doch lassen sich, wenn die folgenden Erörterungen sich nur auf die Gruppe der Militärverschwörer beschränken, einige typologische Feststellungen treffen und Gemeinsamkeiten wie auch Unterschiede herausarbeiten. Bei einer Zusammenfassung historischer Erfahrungen kann man den typischen Anführer eines erfolgreichen Staatsstreichs wie folgt charakterisieren: der Anführer ist ein truppen- und fronterfahrener Stabsoffizier oder junger General. Er ist eine „starke Führerpersönlichkeit"[109] und in der Lage, harte Entscheidungen zu fällen. Er sieht seine Lage und seine Aussichten realistisch und bemüht sich, konsequent zu handeln.

Nach Luttwak waren die Obristen bei militärischen Staatsstreichen immer „prominent"[110]. In wohl jeder Armee nimmt der Oberst als Truppenkommandeur eine besondere Stellung ein. Generaloberst Alexander v. Kluck schrieb in seinen Lebenserinnerungen, die Stellung als Oberst und Regimentskommandeur sei „die schönste Stellung in der Armee"[111]. Der Regimentskommandeur genießt eine relativ große Selbständigkeit, er hat als Kommandeur eines Verbandes noch die Verbindung zu seiner Truppe und kann sie, wenn er eine entsprechende Persönlichkeit ist, eng an sich binden. Stauffenberg war zwar Oberst, aber er entsprach nicht dem oben entworfenen Bild des Anführers eines Staatsstreichs. Vielleicht wäre sein Bruder Alexander eher für diese Aufgabe geeignet gewesen; dieser war Frontoffizier, hatte Sinn für Staatsräson und sprach sich im Sinne dieser Staatsräson z. B. auch über die Morde aus, die Alexander der Große an echten oder vermeintlichen Rivalen verübt hatte[112].

Oberst Stauffenberg war ein eher geistiger Mensch; in politischer Beziehung wird er mehrfach ein Revolutionär genannt, der schon über den Staatsstreich hinaus an die Gestaltung des neuen Deutschland dachte.

---

[108] Weltgeschichtliche Betrachtungen, Detmold 1947, 9.
[109] Fraenkel/Bracher, 290.
[110] Luttwak, 101.
[111] Wolbe, Alexander von Kluck, Leipzig 1917, 66.
[112] Middendorff, Politische Morde im alten Griechenland, 48.

Sein Kamerad auf der Infanterieschule in Dresden, der spätere Rennfahrer
Manfred v. Brauchitsch, schrieb über ihn: „Das hervorstechendste Merk-
mal an ihm waren seine hervorragenden geistigen Fähigkeiten, sein
geschliffener Verstand. Während wir mit dem Unterrichtsstoff unsere
Mühe hatten, bewältigte er ihn leicht, begann zusätzlich mit dem Erlernen
der russischen Sprache und widmete sich künstlerischer Betätigung. Stauffenberg war eher zum Wissenschaftler als zum Offizier geboren. Ist sein
Entschluß, Offizier zu werden, noch aus der Familientradition verständlich, so fällt mir die Erklärung schwer, warum er auch später Offizier
geblieben ist. Ich kann es nur so verstehen, daß die Arbeit als General-
stabsoffizier, die er tat, eher der wissenschaftlichen Tätigkeit nahestand,
während der er mit dem Handwerk des Tötenmüssens nicht unmittelbar
in Berührung kam"[113].

Es paßt zu dieser Charakterisierung, daß sich Claus und seine älteren
Brüder bis in die letzten Tage vor dem Staatsstreich mit Studien über das
Griechentum befaßten[114].

Claus von Stauffenberg hat, soweit wir wissen, im Kriege nie eigenhän-
dig getötet, er war nie an einer Kampfhandlung direkt beteiligt und war
nie Truppenkommandeur, sondern hat in Stäben Generalstabsarbeit ver-
richtet. Sein Attentat gegen Hitler war ein solches aus der Distanz.

Frühere Attentate auf Hitler waren an der dem Kriminologen bekannten Tötungshemmung gescheitert. Der Ritterkreuzträger und Olympia-
teilnehmer im Fünfkampf Georg v. Boeselager, der einer der besten
Pistolenschützen des Heeres war, traute sich nicht zu, auf die Entfernung
von nur 3 Metern Hitler mit Sicherheit tödlich zu treffen[115]. Im Stab der
Heeresgruppe Mitte erörterte man deshalb ein Gemeinschaftsattentat auf
Hitler; „die Tatsache, daß wir mehrere waren, sollte es uns psychologisch
erleichtern, die Last zu tragen, die jeden Menschen niederdrückt, wenn er
vor einer solchen Tat steht"[116]. In diesem Zusammenhang tauchte auch
der Plan auf, Hitler aus der Distanz mit Hilfe eines Zielfernrohrs zu
töten[117].

Daß diese Probleme schon früher eine Rolle gespielt haben, zeigte sich
bei dem Attentat auf Caesar; Brutus und seine Mitverschwörer hatten sich
verpflichtet, alle zusammen auf Caesar einzustechen.

---

[113] Finker, Stauffenberg und der 20. Juli 1944, Köln 1977, 344.
[114] Hoffmann, Alexander, Berthold, and Claus Graf Stauffenberg, The Stefan
George Circle, and Greece: Background to the Plot Against Hitler, Journal
of the Hellenic Diaspora, 3, 1984, 97.
[115] Hoffmann, Widerstand, Staatsstreich, Attentat, 347.
[116] v. Schlabrendorff, 134.
[117] Ehlers, 125.

Nach dem Attentat vom 20. Juli 1944 gratulierte General Fellgiebel am Zaun zwischen den Sperrkreisen Hitler zu seiner Rettung. Später äußerte sich Hitler dahingehend, er wundere sich, daß Fellgiebel diese Gelegenheit nicht benutzt habe, um ihn zu erschießen, wo doch für ihn, Fellgiebel, die große Gefahr bestand, daß er nunmehr entdeckt und dann zum Tode verurteilt werden würde.

Als nach dem Scheitern der Dekabristen Oberst Bulatow dem Zaren vorgeführt wurde, sagte er aus, er habe am Tage zuvor zwei Stunden lang auf 20 Schritt vom Zaren entfernt gestanden, mit geladenen Pistolen und dem festen Entschluß, ihn zu töten. „Aber jedesmal, wenn ich die Hand an die Pistole legte, versagte mir das Herz"[118].

Schon Machiavelli kannte die psychologische Zwangslage und faßte sie in die Worte: „Mag ein Mensch noch so kaltblütig und noch so gewöhnt sein, andere umzubringen und die Waffen zu handhaben, er wird bei einer solchen Gelegenheit (der Ausführung eines Attentats) immer aus der Fassung geraten"[119].

Stauffenberg oblag neben dem eigentlichen Attentat auch die Leitung des Staatsstreichs, obwohl er nur der „Stabschef" oder „Geschäftsführer" der Verschwörung war. Reichspropagandaminister Goebbels urteilte nach dem 20. Juli über ihn: „Der Stauffenberg, allerdings, das war ein Kerl! Um den ist es beinahe schade. Welche Kaltblütigkeit! Welche Intelligenz, welch' eiserner Wille! Unbegreiflich, daß er sich mit dieser Garde von Trotteln umgab"[120]. Mit dieser sehr harten Bezeichnung „Trottel" waren wohl jene Generale in der Bendler-Straße gemeint, die über Stauffenberg standen. Margret Boveri sieht in ihrer Beurteilung des 20. Juli den Unterschied zwischen den Stabsoffizieren und den Generalen hauptsächlich im Gegensatz zwischen Alt und Jung. Sie rechnet die Mehrheit derer, die nach 1900 zur Welt kamen, zu den „Jungen". Bei den Älteren sah sie eine Hilflosigkeit gegenüber allem Dynamischen, „wie es im Älterwerden nur natürlich ist, eine gewisse Müdigkeit, ein Nachlassen der Spannkraft und der Nerven. Das wurde bei Generalfeldmarschall v. Witzleben und Generaloberst Beck gegen Ende stark fühlbar und verband sich mit einer wachsenden Vorsicht im Handeln". Margret Boveri fügt hinzu, daß Stauffenberg keine „Revolution der Greise" machen wollte[121].

Von Beck heißt es bei Ehlers, daß er ein Mann der Studierstube gewesen sei, mehr Clausewitz als Blücher, ein Philosoph und kein Revolutionär, und Ehlers merkt an, daß „diese verhohlene Kritik ... an einen

[118] Wiegler, Verräter und Verschwörer, Berlin 1937, 213.
[119] Machiavelli, Gedanken über Politik und Staatsführung, 157.
[120] Finker, 344.
[121] Boveri, 14–15 und 17.

Charakterzug der Verschwörung des 20. Juli überhaupt (rührt). Sie rekru-
tierte sich aus der ‚geistigen Oberschicht' des Volkes"[122]. Becks Biograph,
Nicholas Reynolds, nennt Beck einen asketischen Mystiker und einen
fleißigen und ausdauernden Geistesarbeiter[123]. Im SS-Bericht über den
20. Juli wurde Beck mit den Worten „viel Taktik, weniger Wille" charakterisiert[124]. In einer anderen Quelle wird darauf hingewiesen, daß die
oberste Autorität der Verschwörer, Generaloberst Beck, ein zwar weiser,
aber damals schwerkranker Mann gewesen sei[125]; er hatte sich einer
Blasenoperation unterziehen müssen[126]. Über den Einfluß von Krankhei-
ten auf die Weltgeschichte hat man erst in den letzten Jahren mehr
Erfahrungen gesammelt; was bei Eisenhower, John F. Kennedy, General
Gamelin, General Franco oder General de Gaulle für ihre Entscheidungen
bedeutsam war, spielte natürlich auch bei Beck eine Rolle[127].

Es muß in diesem Zusammenhang erwähnt werden, daß auch die
Pensionierung sich auf den Menschen Beck wie auch auf andere Ver-
schwörer ausgewirkt hatte; sie verstärkte noch die bereits vorhandene
Isolierung. Wir sprechen heute nicht zu Unrecht vom Pensionierungstod.
Beck war Jahrgang 1880, er war seit 1938 außer Dienst. Witzleben war
Jahrgang 1881, Hoepner 1886, beide waren seit 1942 nicht mehr im
Dienst. Olbricht war Jahrgang 1888. Görlitz spricht von dem Kreis der
„verabschiedeten, alten, oft auch durch körperliche Leiden zermürbten
Generale, der Beck, Hammerstein, Witzleben und Hoepner, bei denen
über aller patriotischen Besorgnis auch die so menschliche Enttäuschung
über ihre Kaltstellung eine Rolle spielte"[128]. Und schließlich hat wohl
auch die Entmutigung durch die früheren wiederholten Fehlschläge der
Verschwörung eine Rolle gespielt[129].

In Arbeiten über den 20. Juli 1944 hat man mehrfach und auch tadelnd
darauf hingewiesen, daß Generaloberst Hoepner, der Panzerführer, der
Hitler sehr mutig entgegengetreten und wegen ‚Ungehorsams' entlassen
worden war, sich bei dem Staatsstreich erst eine „richtige" Urkunde über
seine Ernennung zum „Befehlshaber im Heimatkriegsgebiet" ausstellen
ließ, bevor er an dem Schreibtisch Fromms Platz nahm und dann dort
„versagte". In zahlreichen Telefongesprächen suchte er wieder den Kon-

[122] Ehlers, 101.
[123] Reynolds, 223.
[124] Boveri, 38.
[125] Der militärische Widerstand gegen Hitler und das NS-Regime 1933–1945, 148.
[126] Görlitz, Der deutsche Generalstab, Frankfurt o. J., 615.
[127] Accoce und Rentchnick, Kranke machen Weltgeschichte, Salzburg 1981.
[128] Görlitz, Der Zweite Weltkrieg, 1939–1945, Stuttgart 1952, 6 und 329.
[129] Hoffmann, Widerstand, Staatsstreich, Attentat, 479.

takt mit seinen alten Kameraden, wollte ihnen in ihrer für sie unklaren Situation helfen, wie er früher seinen Soldaten stets geholfen hatte, und trug damit zum Scheitern des Staatsstreichs bei. Aus psychologischer Sicht ist sein Handeln verständlich, wie überhaupt resümierend gesagt werden kann, daß den Verschwörern des 20. Juli keine Fehler unterlaufen sind, die nicht aus ihrer Persönlichkeit und den Umständen psychologisch erklärbar wären.

V Die Folgen

Nach mißlungenen Staatsstreichen läßt sich die Reaktion der Machthaber in der Regel in zwei Worte zusammenfassen: Grausame Rache. Werkzeuge dieser Rache sind häufig Militär- oder Sondergerichte, wie z. B. der deutsche Volksgerichtshof, der die meisten Verschwörer des 20. Juli zum Tode verurteilte, nachdem sie in der Verhandlung beschimpft und erniedrigt worden waren. Auch die Vollstreckung der Todesurteile war grausam und unmenschlich, insbesondere, wenn es sich um einen abtrünnigen Nationalsozialisten wie den General der Polizei und Berliner Polizeipräsidenten Graf Helldorf handelte. Auf besonderen Befehl Hitlers mußte Helldorf der Hinrichtung seiner drei Mitangeklagten in der Weise beiwohnen, daß er von zwei Justizwachtmeistern gehalten und so hingestellt wurde, daß er dem Vollstreckungsakt an den drei anderen Verurteilten zusehen mußte. Erst dann wurde er selber gehenkt[130].

Ungerechte Urteile in politischen Prozessen – die meisten sind zu hart, wenige zu milde – haben eine lange Tradition. Theodor Mommsen schrieb in seinem „Römischen Strafrecht": „Unparteilichkeit im politischen Prozeß steht ungefähr auf einer Linie mit der Unbefleckten Empfängnis; man kann sie wünschen, aber nicht sie schaffen"[131].

Nach dem mißglückten Staatsstreich der Dekabristen war die Verbitterung des jungen Zaren über seine Gardeoffiziere sehr groß; sie zeigte sich weniger in der Härte der unmittelbar darauf verhängten Strafen als vielmehr in seiner Weigerung, die Überlebenden im Laufe der folgenden Jahrzehnte zu begnadigen. Für die damalige Zeit waren die verhängten Strafen üblich; fünf der Anführer wurden hingerichtet, 200 weitere nach Sibirien verbannt, viele der Soldaten, die nichts anderes getan, als ihren Offizieren gehorcht hatten, wurden ausgepeitscht[132]. „Für die Überleben-

---

[130] Wagner, Der Volksgerichtshof im nationalsozialistischen Staat, Stuttgart 1974, 685.
[131] Kirchheimer, Politische Justiz, Neuwied 1965, 447.
[132] Crankshaw, Winterpalast, München 1978, 48.

den begann die trostlose Wanderung nach Sibirien nach den Quecksil-
bergruben von Nertschinsk, nach den öden, kalten Gegenden, zur Sträf-
lingsfront, zur Ansiedlung oder zum Soldatendienst. Das Leid der Dekabristen, verklärt durch die seelische Erhabenheit von Frauen, die ihren
Männern in das Exil nachreisten, erschütterte wie ein großes, unstillbares
Weinen Rußland, die ganze Welt"[133].

Es war für die Frauen der Verurteilten nicht leicht, ihren Männern zu
folgen; sie mußten allen ihnen durch Geburt und Stellung zukommenden
Rechten entsagen, sie konnten Geld und Briefe nur durch Vermittlung der
Bergwerksdirektion erhalten, und die Direktion konnte auch bestimmen,
wann und wo sie ihre Männer sehen durften. Schließlich hatte die
Direktion noch das Recht, von ihnen persönliche Dienste zu verlangen.
„Als die Fürstinnen die Bedingungen gelesen hatten, zögerten sie keinen
Augenblick, die ihnen vorgelegten Papiere zu unterzeichnen"[134].

Nach dem Kapp-Putsch fanden einige der Verschwörer genügend Zeit,
außer Landes zu gehen. Als einziger wurde der von Kapp als Innenmini-
ster vorgesehene v. Jagow zu fünf Jahren Festungshaft verurteilt, die er
aber nicht ganz abzusitzen brauchte. Kapp selbst stellte sich im Sommer
1922 freiwillig der Justiz, starb aber noch vor Ende des Verfahrens, 1925
kam dann eine Amnestie[135].

Der Hitler-Putsch führte 1924 zu einem Hochverratsprozeß gegen
zehn Teilnehmer vor dem Volksgericht in München. Hitler und drei
andere Angeklagte wurden zu einer Mindeststrafe von fünf Jahren
Festungshaft verurteilt, wobei ihnen die Strafaussetzung zur Bewährung
nach sechsmonatiger Verbüßung zugesagt wurde. Die Strafen gegen
andere Angeklagte wurden von vornherein zur Bewährung ausgesetzt,
Ludendorff wurde unter Würdigung seiner Verdienste als Feldherr, insbesondere in bezug auf die Schlacht von Tannenberg, freigesprochen. Hitler
wurde nicht, wie es im Republikschutzgesetz vorgesehen war, als nicht-
deutscher Staatsangehöriger ausgewiesen[136].

Schon zwei Tage nach dem mißglückten Putsch in Wien wurden Otto
Planetta und Franz Holzweber, die Anführer im Bundeskanzleramt, vor
ein Militärgericht gestellt. Am 30. Juli 1934 begann der Prozeß, einen Tag
später wurden die Angeklagten bereits zum Tode verurteilt. „Das Militär-
gerichtsverfahren wurde ebenso wie die unmittelbar folgenden oberfläch-
lich und hastig durchgeführt, wichtige Fragen wurden nicht erörtert...

---

[133] Wiegler, 215.
[134] Schreiber/Schreiber, 299.
[135] Die Zeit, 13. 3. 1970.
[136] Lexikon Deutscher Geschichte, hrsg. von Taddey, Stuttgart 1977, 541; siehe
auch Fest, Hitler, 1. Band, 278.

Auch eine ordnungsgemäße Verteidigung war nicht möglich, da die Verteidiger erst knapp vor Prozeßbeginn bestellt worden waren. Planettas Anwalt, Erich Führer, kritisierte in seinem Plädoyer, daß die Verhandlung „weder vornehm, noch auch der österreichischen Eigenart entsprechend" durchgeführt wurde. Wenige Tage später wurde Führer verhaftet und wegen nationalsozialistischer Betätigung für 3 Monate in das Anhaltelager Wöllersdorf eingewiesen"[137]. Insgesamt wurden einschließlich Planetta und Holzweber 13 Verschwörer zum Tode verurteilt und hingerichtet. „Den dilettantischen Drahtziehern des Unternehmens ... gelang die Flucht ins Ausland"[138].

Nach dem Staatsstreichversuch des General Malet war das Nachspiel viel blutiger als das Unternehmen selbst. Malet wurde mit 23 unfreiwilligen Helfershelfern, die er getäuscht hatte und die wegen Leichtgläubigkeit angeklagt wurden, vor Gericht gestellt. Die meisten der Angeklagten wurden zum Tode verurteilt, 9 Offiziere und Unteroffiziere nur deshalb, weil es ihnen nicht eingefallen war, daß sie bei der Nachricht vom Tode Napoleons im Hinblick auf den König von Rom, Napoleons Sohn, sofort hätten rufen müssen: „Der Kaiser ist tot! Es lebe der Kaiser!" Dieses Vergessen hatte Napoleon mehr als alles andere erbittert. Eine Woche nach dem Staatsstreich wurden 12 Verurteilte durch ein Exekutionskommando erschossen[139].

Ein französisches Ausnahmegericht, der Haute Cour de Justice, nahm die Verhandlungen gegen die Verschwörer von Algier auf. General Salan, der höchstdekorierte Offizier der französischen Streitkräfte, war zunächst in Abwesenheit zum Tode verurteilt worden; nachdem er verhaftet worden war, billigte ihm das Gericht mildernde Umstände zu und verurteilte ihn nur zu lebenslanger Freiheitsstrafe. An diesem Urteil mußte das vorhergegangene Todesurteil gegen den Untergebenen Salan's, den General Jouhaud, natürlich scheitern. General de Gaulle hob daraufhin das nach seiner Meinung unbotmäßige Ausnahmegericht auf und schuf den Cour Militaire de Justice, in dessen Verhandlungen die Angeklagten weniger Rechte hatten als zuvor. Der zum Vorsitzenden dieses Gerichts ernannte General beging Selbstmord, weil er es nicht über sich bringen konnte, gegen die Kameraden der Armee zu verhandeln. Der Conseil d'Etat verfügte vier Monate später, daß die Aufhebung von Rechten der Angeklagten ungültig sei, und das Parlament beschloß dann die Errichtung eines neuen Gerichts, des Cour de Sûreté de l'Etat[140].

---

[137] Jagschitz, 172.
[138] Spira, 121.
[139] Castelot, 177–178.
[140] Kirchheimer, 634–636.

Major de Saint Marc wurde zu lebenslänglicher Strafe verurteilt und nach
drei Jahren begnadigt. Er errang eine führende Stellung in der Wirtschaft
und erhielt 1980 das Großkreuz der Ehrenlegion, zu dessen Verleihung
das Erste Regiment der Fremdenlegion in Aubagne salutierte[141].

1982 wurden etwa 500 Militärs und etwa 1000 Beamte, die sich in den
Wirren des Algerien-Krieges und beim Putsch in Algier gegen de Gaulle
gestellt hatten, endgültig amnestiert und in ihre früheren Rechte wieder
eingesetzt.

Auch die politischen Folgen waren nach Staatsstreichen oft schwerwie-
gend; der Tod Caesars stürzte das römische Reich in einen Bürgerkrieg,
der erst im Kaisertum Octavians endete.

Der Staatsstreich in Bagdad löste den Irak aus dem dem Westen
zugewandten Bagdad-Pakt und führte das Land dem arabischen Nationa-
lismus zu.

Mit dem Staatsstreich Pinochet's begann die chilenische Diktatur.

Die Wende in Tunesien wurde mit den Worten „Vom Serail zum
Computer" charakterisiert[142].

Vor dem 20. Juli 1944 hatte Generalmajor v. Tresckow auf die Frage, ob
es nach der Invasion im Westen noch Sinn habe, an den Staatsstreichplänen festzuhalten, da doch ein praktischer Zweck nicht mehr ersichtlich
sei, geantwortet: „Das Attentat muß erfolgen; coûte que coûte. Sollte es
nicht gelingen, so muß trotzdem in Berlin gehandelt werden. Denn es
kommt nicht mehr auf den praktischen Zweck an, sondern darauf, daß die
deutsche Widerstandsbewegung vor der Welt und vor der Geschichte den
entscheidenden Wurf gewagt hat"[143].

In einer Fernsehkritik von 1987 heißt es, daß alle Quellen dafür
sprechen, „daß die meisten Verschwörer das Gelingen für außerordentlich
zweifelhaft hielten. Aber sie hatten ein desto stärkeres Bewußtsein für das
Symbolische ihrer Handlung; dafür waren sie bereit, nicht nur ihr eigenes
Leben, sondern das Leben ihrer Familien und Freunde zu opfern"[144].

Entsprechend dieser Haltung antwortete der Vetter Stauffenbergs,
Oberstleutnant Caesar v. Hofacker, nach seiner Verhaftung in Paris auf
den Vorhalt des ihn vernehmenden SS-Führers, er habe doch eine Frau
und fünf unmündige Kinder, mit dem Heine-Wort: „Was schert mich
Weib, was schert mich Kind?"[145]

Ein ähnliches Fazit zog auch Ehlers: „Die Putschisten brachten viel

---

[141] Hornung, Die Legion, Bergisch-Gladbach 1981, 389.
[142] FAZ, 28. 12. 1987.
[143] Venohr, Stauffenberg, 323.
[144] FAZ, 20. 7. 1987.
[145] FAZ, 14. 7. 1984.

Leid über ihre Familien, über Mitwisser und Gesinnungsgenossen, die gehenkt wurden, und sie fehlten dem deutschen Staat der Nachkriegszeit"[146].

Danach stellte sich die Alternative vor dem 20. Juli 1944 so dar, daß entweder die Verschwörer von dem geplanten Attentat und Staatsstreich Abstand nahmen und dadurch eine politische und militärische Elite für die Nachkriegszeit aufsparten, oder daß sie bei dem voraussehbaren Scheitern den Tod dieser Elite in Kauf nahmen, um für die Geschichte ein Zeichen zu setzen. Vielleicht sind wir alle heute noch zu nahe am Geschehen, um entscheiden zu können, welcher Entschluß im Sinne von Thomas von Aquin das kleinere Übel war.

VI Der Staatsstreich im Mythos

Der Philosoph Ernst Cassirer zeigte den Unterschied zwischen mythischem und rationalem Denken; der Mythos ist für rationale Argumente undurchdringlich und unverwundbar, er ist aber ein notwendiges Element in der menschlichen Geschichte[147]. Man kann heute so etwas wie eine Flucht in die Mythen feststellen.

Unter Mythos versteht man das legendäre Bild einer historischen Persönlichkeit oder eines historischen Ereignisses. Dieses Bild verändert sich, wie denn Geschichtsschreibung immer im Wandel begriffen ist und veränderlich sein muß[148]. Schon Cicero sagte im Zusammenhang mit den Lobreden auf Verstorbene: „Doch durch diese Lobreden ist unsere Geschichtsschreibung verfälscht worden. Vieles findet sich niedergeschrieben, was nie geschehen ist"[149]. Und Nietzsche befand kategorisch: „Geschichte handelt fast nur von schlechten Menschen, die später gut gesprochen worden sind"[150]. Nach Ernst Blochs berühmtem Motto aus seinem Müntzer-Buch wird der Rebell vergessen, und der Sieger schreibt die Geschichte[151].

Diesen möglichen subjektiven Veränderungen gegenüber ist an dem Erfordernis der möglichst richtigen historischen Darstellung festzuhalten, die, wie der ältere Moltke einmal sagte, zugleich auch die Elemente der schärfsten Kritik birgt[152].

---

[146] Ehlers, 17.
[147] Cassirer, Vom Mythus des Staates, Zürich 1949, 8, 366, 388.
[148] Stern, Hrsg., Geschichte und Geschichtsschreibung, München 1966, 14.
[149] Crawford, Die römische Republik, München 1984, 18.
[150] Schmidt, Hrsg., Hochverrat ist eine Frage des Datums, München 1966, 45.
[151] Baier, Die große Ketzerei, Berlin 1984, 13.
[152] Görlitz, Der deutsche Generalstab, 7.

Im Einzelfall geschieht die Mythisierung unter anderem durch die Singularisierung des betreffenden geschichtlichen Ereignisses, d. h. es wird herausgehoben, verabsolutiert und Vergleichen entzogen. Gleichzeitig wird die natürliche Kausalität, z. B. eines Mißerfolges, geleugnet und Kritik wird abgewehrt, dies unter anderem mit Hilfe des Rückzugs auf das Gewissen als die letzte und unwiderlegbare Instanz.

Die Mythisierung ist auch ein Mittel, das den Menschen „vor der lähmenden Enttäuschung" bewahrt, wenn ihm kein Erfolg beschieden ist. Der Mythos hebt gleichzeitig die Isolation auf und läßt Übereinstimmung entstehen[153].

Als nach dem Attentat vom 20. Juli der damalige Kriminalrat Wehner bei den ersten Ermittlungen auf Hitler traf, fragte Hitler ihn: „Was sagen Sie zu dem Wunder, daß mir nichts passiert ist? Ist es nicht ein Wunder?"[154].

Göring nahm bei seiner Ansprache in der folgenden Nacht diese Version wieder auf, indem er sagte: „Der Führer wurde durch die allmächtige Vorsehung wie durch ein Wunder gerettet". Auch der Oberreichsanwalt schrieb in einer Verhandlung des Volksgerichtshofes das Mißlingen des Attentats Gottes Segen zu[155].

Nach kriminologischer Erfahrung ist der Ausgang fast eines jeden Sprengstoffattentats zweifelhaft und das Überleben Hitlers leicht zu erklären.

Nach dem 20. Juli 1944 wurde das Scheitern des Staatsstreichs in ähnlicher Weise nicht-kausal gedeutet. Da Goerdeler schwere Bedenken gegen einen politischen Mord geäußert hatte, empfand er das Scheitern geradezu als „Gottesurteil", weil es der sittlichen Weltordnung widerspreche[156]. Gerhard Ritter scheute sich, von bloßem Zufall zu reden und sprach lieber von „höherer Fügung"[157], wie auch Ehlers das Wort „Fügung" gebrauchte[158].

Ritter nannte den Staatsstreich vom 20. Juli 1944 einen „reinen Aufstand des Gewissens"[159]. Es entspricht diesem Denken, wenn Zeller daraus die Folgerung zieht: „Das mindeste, das wir alle ... denen schulden, die sich stellten, ist doch wohl Schweigen. Jene bedürfen

---

[153] Barth, Masse und Mythos, Hamburg 1959, 72 und 70.
[154] Wehner, Dem Täter auf der Spur, Bergisch-Gladbach 1983, 251.
[155] Wagner, 676.
[156] Ritter, Carl Goerdeler und die deutsche Widerstandsbewegung, 409.
[157] Ritter, Deutscher Widerstand, Zeitwende, Juli 1954, 448.
[158] Ehlers, 183.
[159] Carl Goerdeler und die deutsche Widerstandsbewegung, 437.

keiner Rechtfertigung, und der Versuch, gegen sie zu sein und ihre Tat anzuzweifeln, richtet den, der ihn unternimmt"[160].

In diesem Sinne ist es nur logisch, wenn Zeller „betrachtungsbeflissene Historiker" rügt[161], oder wenn von „geschichtslosen Besserwissern" gesprochen wird[162]. Dolf Sternberger schrieb in demselben Sinne, man habe genug von jenen „wissenschaftlichen Insekten, die blind und gefühllos auf dem Kadaver der Geschichte herumkriechen"[163].

Als Margret Boveri es wagte, den Staatsstreich des 20. Juli in ihre Buchreihe „Der Verrat im 20. Jahrhundert" aufzunehmen, wurde sie deswegen im „Rheinischen Merkur" vom 23. 11. 1956 scharf getadelt. Hans Langemann stellte die Schilderung des 20. Juli 1944 in seinem Buch „Das Attentat" kommentarlos in einen Anhang und verwies auf ein Wort Talleyrand's: Je ne propose rien, je ne suppose rien, j'expose![164]

Nach 1933 wurden die Teilnehmer des zehn Jahre zuvor erfolgten, so elend mißglückten Hitler-Putsches heroisiert; die 16 toten Nationalsozialisten wurden in die „Ehrentempel der Bewegung" auf dem „Königlichen Platz" (heute Königsplatz) in München überführt und mit einer ewigen Wache geehrt. An jedem 8. November fand in Friedenszeiten die traditionelle Versammlung im Bürgerbräukeller statt, und am 9. November wurde feierlich der Marsch zur Feldherrnhalle wiederholt.

Der Tod von Bundeskanzler Dollfuß führte in Österreich zur Entstehung eines Mythos; Dollfuß wurde zum Märtyrer der österreichischen Idee stilisiert und als ein auf dem Schlachtfeld gefallener Held dargestellt. Schließlich wurde sein Tod sogar als christlicher Opfertod interpretiert, und auf der höchsten Stufe der Mythisierung wurde sein Tod gar mit dem Opfertod Christi gleichgesetzt. Sein Grab wurde zu einem Nationalheiligtum der Österreicher und zur vaterländischen Wallfahrtsstätte. Sein Todestag wurde zum Volkstrauertag erklärt.

In den Märztagen des Jahres 1938 wurden alle Hinweise auf Dollfuß möglichst schnell entfernt, und an ihre Stelle traf der Aufbau des Mythos vom mißglückten Putsch der Nationalsozialisten von 1934. Aus dem Mißlingen wurde ebenfalls ein Opfertod, und er wurde zu einem Erfolg im Geistigen und Ideologischen umgedeutet; die Toten des Putsches wurden mit der Aura der Unbesiegbarkeit umgeben im Sinne des Mottos „Und Ihr habt doch gesiegt"[165]. Nach 1945 starb dieser österreichische Mythos

---

[160] Zeller, Geist der Freiheit. Der 20. Juli, München 1965, 485.
[161] Zeller, 365.
[162] Badische Zeitung, 10. 9. 1984.
[163] FAZ, 25. 7. 1984.
[164] Hamburg 1956, 20.
[165] Jagdschitz, 190 ff.

genau so wie jener über den Putsch von 1923 im sogenannten Altreich.

Nach dem Tod des Präsidenten Allende in Chile entstanden auch hier bald Mythen. Wahrscheinlich hat Allende in auswegloser Lage Selbstmord begangen; da aber ein südamerikanischer Mann an führender Stelle nicht Selbstmord begeht, wurde vielfach die Version verbreitet, Allende sei ermordet worden. Ähnliche Diskrepanzen entstanden sehr bald auch bezüglich der Verluste, die der Staatsstreich gefordert hatte. Die Verlierer vermittelten der Umwelt das Bild eines heroischen Widerstandes, der bis zu 80 000 Tote gekostet habe. Die neuen Machthaber sprachen dagegen von 93 getöteten Personen. Nach der Schätzung des amerikanischen Botschafters liegt die richtige Zahl irgendwo zwischen 3000 und 10 000 Toten[166].

Schluß

Nach der Verurteilung Ulrich v. Hassell's sagte ein Richter des Volksgerichtshofes: „Dies war ein wahrhaft vornehmer Mann, aber zu vornehm für diese Welt".

Diese Worte gelten auch für andere Verschwörer des 20. Juli 1944; auf ihr Scheitern lassen sich die Sätze anwenden, die Ulrich v. Hassell für König Pyrrhus fand: „Seine Fehler hängen mit seinen Tugenden zusammen. Pyrrhus war nicht der Mann von Eisen, der mitleidlos und bedenkenlos, ohne nach rechts und links zu schauen, in den Mitteln nicht wählerisch, auf sein Ziel losging. Eben darauf beruht aber auch der wunderbare Zauber seiner ritterlichen, wahrhaft königlichen Persönlichkeit. Von niedrigen Gedanken unbefleckt leuchtete er in einer Zeit, in der die griechische Welt im Chaos zu versinken drohte, als eine helle Gestalt, die auch für uns noch nicht ihren Schimmer verloren hat"[167].

Und Marion Gräfin Dönhoff schrieb am Schluß ihres Buches „Preußen – Maß und Maßlosigkeit"[168], der preußische Geist habe am 20. Juli 1944 endgültig Abschied genommen. „Damals starben von Henkershand viele verantwortungsvolle Bürger: hohe Offiziere, ehemalige Minister, Staatssekretäre, Botschafter – die überwiegende Mehrzahl Preußen. Alle großen Namen der preußischen Geschichte finden wir da verzeichnet: Yorck, Moltke, Schwerin, Schulenburg, Lehndorff. Die Ehre Deutschlands war verspielt, nicht mehr zu retten – die Schande der Hitler-Zeit zu groß. Aber das Kreuz, das sie auf Preußens Grab gesetzt haben, leuchtet hell aus der Dunkelheit jener Jahre."

---

[166] Davis, 368.
[167] v. Hassell, Pyrrhus, München 1947, 76.
[168] Berlin 1987.

www.ingramcontent.com/pod-product-compliance
Lightning Source LLC
Chambersburg PA
CBHW070153310326
41914CB00089B/886